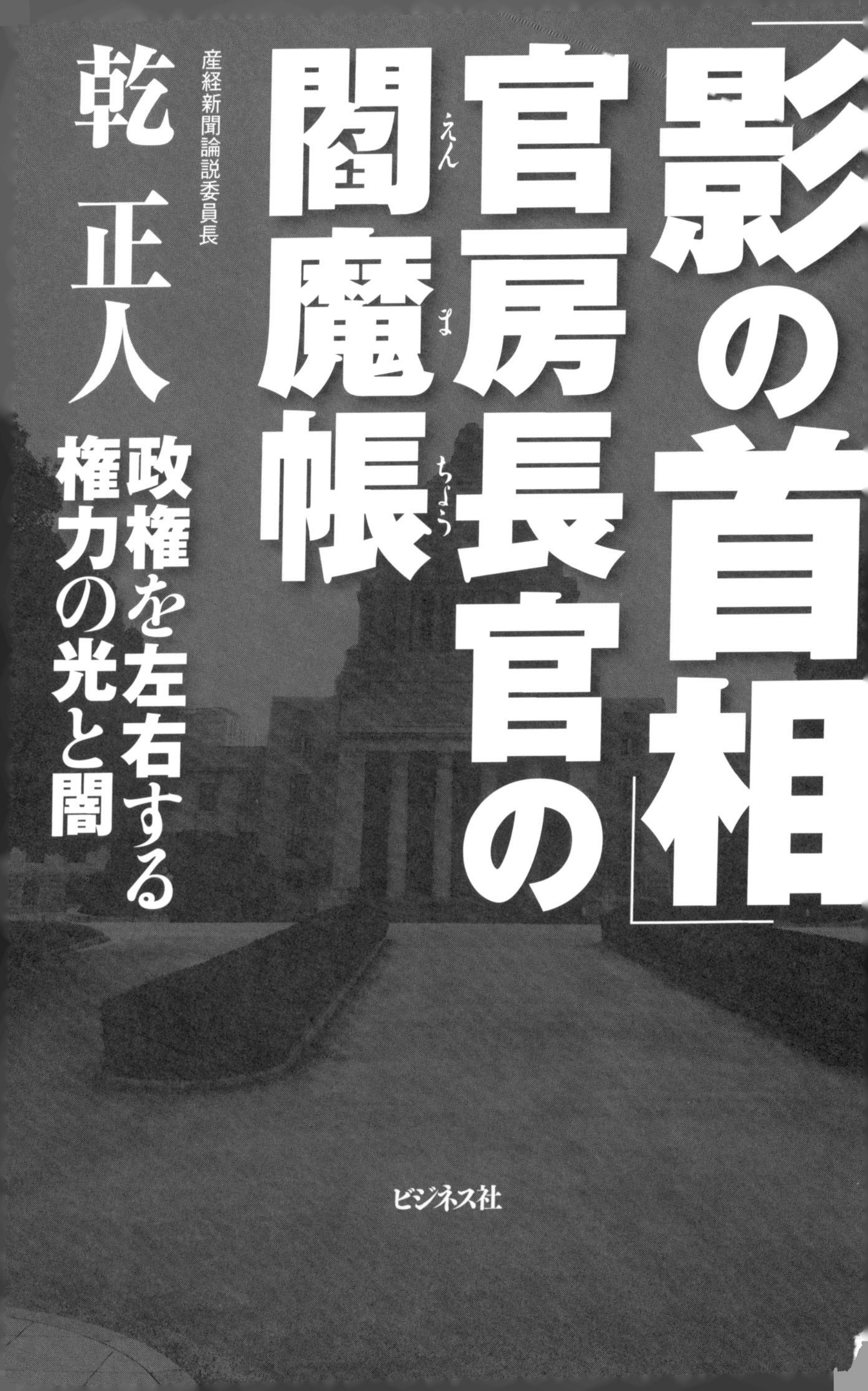

「影の首相」官房長官の閻《えん》魔《ま》帳《ちょう》

産経新聞論説委員長
乾 正人

政権を左右する
権力の光と闇

ビジネス社

はじめに

～官房長官の善し悪しが政権の命運を決める

官房長官の善し悪しが、政権の命運、いや国家の命運を決める。官房長官を語ることは、日本政治を語ることである。

令和三年十月四日。第百代総理大臣に、岸田文雄が就任した。

もし、一年前に「第百代首相は岸田だ！」と言い切った政治記者がいたならば、「体調は大丈夫か？」と顔をまじまじと覗き込んでいたことだろう。一カ月前だって河野太郎が立候補の意欲を示したとき、古くからの岸田番記者が「あぁ、負けた」と嘆息したほど劣勢だった。

だから政治は面白い。そして怖い。

すべては、岸田政権誕生の一カ月前、前首相・菅義偉が、自民党総裁選に出馬しない方針を明らかにしてから始まった。首相の座にあった自民党総裁が、総裁選を戦わずして敗れたのは、菅が初めてである。

中国・武漢発の新型コロナウイルス対策に失敗して内閣支持率が急降下し、「菅首相のもとでは衆院選は戦えない」という自民党内の空気に屈したためだが、それだけではない。

「安倍に菅あり、菅に菅なし」とはよく言ったもので、菅政権になってから首相を支える官邸の機能が大幅に低下してしまったのも大きい。官房長官・加藤勝信が、「菅官房長官」のような役割を果たせなかったのである。

一例を挙げよう。

アフガニスタンがタリバンの攻勢によって陥落したのは、令和三(二〇二一)年八月十五日。

国際情勢を揺るがす大事件であったにもかかわらず、詳しい情報が集まり始めた翌日になっても首相官邸では、安全保障会議も関係閣僚会議も開かれなかった。

日本の在カブール大使館員たちは、十七日に英軍機で脱出したが(大使がそのとき大した用もないのにアフガニスタンから国外に出ていたのは論外だが)、在留日本人やアフガニスタン協力者を見捨てた。

官邸には、外交・安保の司令塔となる国家安全保障局と、内閣危機管理監の下、「事態対処・危機管理担当」チームが存在するが、初動段階ではまったく機能しなかった。首相や官房長官が、初動で明確な指示を出さなかったからである。

平成二十五（二〇一三）年に起きたアルジェリアでの日本人人質事件で、首相の指示を受けた官房長官の菅が陣頭指揮に当たったのとは対照的だ。

首相が新型コロナウイルス対策と近づく自民党総裁選で頭が一杯だったのなら、首相を補佐する官房長官が、先回りして手を打たねばならなかったのに、そうはしなかった（頭が回らなかったのかもしれぬが）。

ようやくカブール陥落から一週間後の日曜夕刻に、内閣危機管理監、国家安全保障局長、外務防衛両省の事務次官を首相公邸に呼んで在留日本人と協力者脱出用の自衛隊機派遣を決定したが、あまりに遅すぎた。しかもこの協議の場に官房長官の姿はなかった。

結局、二十六日に空港付近で大規模な自爆テロが起き、自衛隊機は共同通信の現地通信員一人を乗せただけで撤収せざるを得なかった。「カブールの恥辱」は、外務省と首相官邸の不作為によってもたらされたのである。

ことに首相官邸の要である官房長官の役割と責任は極めて重い。

岸田政権の命運を握っているのは、官房長官なのである。

では、官房長官は、一体どんなことをしている人なのか。

講演会や学校の出前授業で、たまにこういった基本的な質問をいただく場合があるが、答えはなかなか難しい。

よく知られているように、一日二回の記者会見をこなす内閣の「広報マン」であるとともに、与党や各省庁との調整を行う「調整役」でもあるのは確かなのだが、各省大臣のようにきっちりとした所掌が決まっているわけではない。

要は、官房長官になった政治家の能力や資質によって、守備範囲が大きく変わる伸縮自在のポストなのである。

歴代の官房長官を分類すると、①首相の子分型（竹下登、小渕恵三ら）②能吏型（福田康夫、与謝野馨ら）③同志型（武村正義、野坂浩賢ら）④軍師型（梶山静六、菅義偉ら）⑤緊急避難型（塩川正十郎ら）――に五分類される。

官房長官として最も望ましいのは、「軍師型」だと、私は思う。

大派閥のボスといった強い権力者（田中角栄、福田赳夫ら）が、首相の印綬《いんじゅ》を帯びて組閣する際、直系の子分を官房長官に据えがちだが、どうしても上意下達になりがちで耳に痛い情報が入りにくくなる。

そうかといって、何でも言い合える「同志型」では、二人の人間関係に少しでもヒビが入れば、亀裂が増幅する。高支持率で政権をスタートさせた細川護熙があっけなく崩壊したのも「同志型」だったのが、少なからず影響している。

行政の長である首相は、「どす黒いまでの孤独」（首相在任時、麻生太郎が実感をこめてこう発言した）や重圧に耐えてその時々における最善の決断を下さなければならない。

そんな悩み深き首相に寄り添い、良き相談相手であるとともに、ときに首相の不興を買っても苦言を呈し、間違いを正す存在で官房長官はあらねばならない。そのためには、内閣官房だけでなく、各省庁や有識者、報道関係者らから幅広く情報を集め、的確な選択肢を準備しておく必要がある。

「猛将に弱卒なし」という格言に付け加えるなら、「優秀な軍師を持つ」猛将に弱卒なし、ということだろう。

「軍師」的官房長官の代表的政治家は、中曽根康弘に仕えた後藤田正晴であったのは言を待たない。

昭和五十七（一九八二）年、田中角栄の全面的支援によって中曽根が、自民党総裁選を勝ち抜き、官房長官に中曽根派でない田中派の後藤田を据えたとき、朝日新聞をはじめメディアはこぞって「角栄に配慮した『直角内閣』の誕生だ」と激しく非難した。

もちろん、そういう派閥力学的思惑はあったが、中曽根は内閣が発足する一カ月半前、つまり自民党総裁選で勝利する前に「近く政局に大動乱がある。その時に後藤田さん、官邸の中に入って一緒に助けてくれんか」と後藤田に官房長官就任を要請していたのである。

後藤田は、中曽根にとって内務省の先輩に当たり、本来は煙たい存在のはずだが、その手腕を見込んで「軍師」として迎え入れたのである。

思惑はズバリと当たり、中曽根内閣は国鉄民営化などの成果を出して五年の長期政権を全うした。

後藤田型の「軍師」官房長官は、平成・令和時代にも存在した。

一方で、「残念な」官房長官も多数いた。中には官房長官以外の職責では、立派な業績を上げた政治家も少なくない。官房長官時代はパッとしなかったが、首相になって花開いた人もいる。

それはいったい、なぜなのか。

名官房長官イコール名宰相にあらず、という永田町の「格言」は本当なのか。

官房長官の力の源泉である官房機密費という「魔法のカネ」の実態はどうなのか。

こうした官房長官にまつわるナゾの数々を解き明かすとともに、平成・令和の官房長官三十人、ひとり一人を僭越《せんえつ》ながら五段階評価で採点しようというのが、この本の趣旨である。

採点基準は、在任時の仕事ぶりと成果だが、仕えた首相の「軍師」たり得たかを最重視した。登場する三十人のほとんどは、多かれ少なかれ直接取材しているが、個人的好き嫌いが採点に加味されているのは言うまでもない。すべては、私の偏見のなせる業であり、ご本人や読者、支持者の皆様が気を悪くされたら平身低頭して謝るしかない(ご本人と書いたが、既に三十人の半数近くが鬼籍に入られた。平成も歴史になりつつあるのを実感する)。

では、平成・令和の官房長官を巡る旅にしばし、お付き合い願いたい。なお、敬称は略させていただいた。

「影の首相」官房長官の閻魔帳《えんまちょう》

～政権を左右する権力の光と闇

はじめに　～官房長官の善し悪しが政権の命運を決める ―― 003

第一章　官房長官のお仕事 ―― 015

一人前の「大臣」ではなかった ―― 016

官房長官の一日 ―― 022

官房機密費の秘密 ―― 028

第二章　自民単独政権のたそがれ――035
小渕恵三（昭和62年11月6日～平成元年6月3日）――036
塩川正十郎（平成元年6月3日～平成元年8月10日）――043
山下徳夫（平成元年8月10日～平成元年8月25日）――050
森山真弓（平成元年8月25日～平成2年2月28日）――054
坂本三十次（平成2年2月28日～平成3年11月5日）――061
加藤紘一（平成3年11月5日～平成4年12月12日）――067
河野洋平（平成4年12月12日～平成5年8月9日）――076

第三章　合従連衡に翻弄された男たち――083
武村正義（平成5年8月9日～平成6年4月28日）――084

熊谷弘（平成6年4月28日～平成6年6月30日）―― 091
五十嵐広三（平成6年6月30日～平成7年8月8日）―― 096
野坂浩賢（平成7年8月8日～平成8年1月11日）―― 104

第四章 「経世会支配」が終わった日 ―― 113

梶山静六（平成8年1月11日～平成9年9月11日）―― 114
村岡兼造（平成9年9月11日～平成10年7月30日）―― 123
野中広務（平成10年7月30日～平成11年10月5日）―― 128
青木幹雄（平成11年10月5日～平成12年7月4日）―― 138
中川秀直（平成12年7月4日～平成12年10月27日）―― 147
福田康夫（平成12年10月27日～平成16年5月7日）―― 153
細田博之（平成16年5月7日～平成17年10月31日）―― 162

安倍晋三（平成17年10月31日〜平成18年9月26日）―― 167

第五章　毎年代わった内閣の要 ―― 175

塩崎恭久（平成18年9月26日〜平成19年8月27日）―― 176
与謝野馨（平成19年8月27日〜平成19年9月26日）―― 181
町村信孝（平成19年9月26日〜平成20年9月24日）―― 187
河村建夫（平成20年9月24日〜平成21年9月16日）―― 192
平野博文（平成21年9月16日〜平成22年6月8日）―― 198
仙谷由人（平成22年6月8日〜平成23年1月14日）―― 202
枝野幸男（平成23年1月14日〜平成23年9月2日）―― 210
藤村修（平成23年9月2日〜平成24年12月26日）―― 216

第六章　令和の官房長官　223

菅義偉（平成24年年12月26日～令和2年9月16日）　224
加藤勝信（令和2年9月16日～令和3年10月4日）　232
松野博一（令和3年10月4日～）　240

おわりに　～本当は官房長官向きの岸田首相　248

平成以降の官房長官と主なできごと　257

第一章

官房長官のお仕事

中曽根康弘首相（当時）と談笑する後藤田正晴官房長官（当時）

一人前の「大臣」ではなかった

官房長官が、天皇陛下から認証を受ける「認証官」となったのは、そんなに古い話ではない。

官房長官は、もともと認証官だった大蔵大臣や外務大臣といった「名門大臣」ではなかったのだ。

官房長官という役職が設置されたのは、現行憲法が施行された昭和二十二（一九四七）年五月三日。戦後生まれで、憲法記念日は、「官房長官記念日」でもある。

官房長官の前身は、旧憲法下で内閣書記官長という役職だったが、政党人（鳩山一郎も務めた）よりもベテラン官僚が務めることの方が多く、現在の官房副長官（事務方）に近い存在だったといえる。

最も有名な内閣書記官長は、終戦時の首相、鈴木貫太郎に仕えた迫水久常《さこみずひさつね》だろう。ポツダム宣言を受諾するかどうかをめぐって紛糾した鈴木内閣を裏方として首相を支えた。ことに終戦を決めた八月十日の御前会議は、迫水の計略が功を奏した。

御前会議を開催するには、参謀総長と軍令部総長の花押と書類が必要だったのだが、「もしものときの時間短縮のため」と称して事前にとっておき、事後承諾の形で開いた。

さらに、本来は御前会議メンバーでなかった宣言受諾派の枢密院議長を呼んで、出席者の賛否が三対三になるよう工作した。その上で天皇陛下の聖断を仰ごうという作戦が成功したのである。

御前会議で、ポツダム宣言受諾が決まると、陽明学者・安岡正篤《まさひろ》らの助力を得て「堪え難きを堪え、忍び難きを忍び、以て万世の為に太平を開かんと欲す」というフレーズで有名な終戦の詔勅をとりまとめた。

初の官房長官になったのは、第一次吉田内閣の林譲治で、吉田茂の又従弟にあたり、最後の内閣書記官長でもある。

その後、西尾末広や緒方竹虎といった大物も務めたのだが、内閣書記官長と同じく非認証官のままだった。「長官」という呼称が象徴するように一人前の大臣とみなされなかったのである。

それを改めたのが、池田勇人である。

前回の東京五輪が開かれる前年の昭和三十八（一九六三）年に池田は、首相の意を受けて各省庁を司る大臣に指示を出す立場にある官房長官が、大臣より格下であっては遠慮が出ようと「格上げ」したのだ。

そうした「格下大臣」が、首相への登竜門とみられる重要ポストに変貌したのは、首相官邸に権力が集中するようになったのもさることながら、中曽根内閣で官房長官を務めた後藤田正晴の存在が大きい。彼は、「カミソリ後藤田」と呼ばれ、ソ連軍機による大韓航空機撃墜事件で、自衛隊が傍受した音声データの公表を主導するなど、ある意味、首相を上回る存在感を示した。

平成以降は、官房長官出身者が、次々と宰相の座を射止めだした。

内閣書記官長出身の首相は、鳩山一郎（田中義一内閣）ただ一人だったが、官房長官出身の首相は、昭和の佐藤栄作（吉田内閣）を嚆矢《こうし》として令和の菅義偉《よしひで》（安倍内閣）まで、のべ十人を数える。

平成以降に首相になった政治家を分析すると、のべ七人が官房長官出身者で、財務相（蔵相）の六人、外相の五人を上回ってトップに立っている（表参照）。

意外なところでは、文部大臣（現・文科相）経験者の海部俊樹、森喜朗の二人が後に首相となっている。

昭和（戦後）はどうだったかといえば、自民党では幹事長、閣内では大蔵大臣（現・財務相）と通産相（現・経産相）が首相への登竜門だった。

戦後、蔵相を経験した後に宰相の座を射止めた政治家は、池田勇人に始まり、佐藤栄作、田中角栄、福田赳夫、大平正芳、竹下登と「保守本流」と呼ばれた大物政治家六人が

歴代首相はどんな大臣を経験したか【平成以降】

	官房長官	財務相（蔵相）	外相	文科相（文相）	備考
竹下登	○	○	—	—	
宇野宗佑	—	—	○	—	
海部俊樹	—	—	—	○	
宮沢喜一	○	○	—	—	
細川護熙	—	—	—	—	閣僚経験なし
羽田孜	—	○	○	—	
村山富市	—	—	—	—	閣僚経験なし
橋本龍太郎	—	○	—	—	
小渕恵三	○	—	○	—	
森喜朗	—	—	—	○	
小泉純一郎	—	—	—	—	郵政相
安倍晋三（第一次）	○	—	—	—	
福田康夫	○	—	—	—	
麻生太郎	—	—	○	—	
鳩山由紀夫	—	—	—	—	閣僚経験なし
菅直人	—	○	—	—	
野田佳彦	—	○	—	—	
安倍晋三（第二次）	○	—	—	—	
菅義偉	○	—	—	—	
岸田文雄	—	—	○	—	

ずらりと並ぶ。しかもその多くが通産相も経験している。

このうち、佐藤、大平、竹下は官房長官も務めているが、いずれも官房長官には蔵相になる前に起用されており、いわば蔵相や外相に就く前の「前座」的存在だった。

官房長官だけを経験して宰相に上り詰めた政治家は皆無だった（内閣書記官長出

身の鳩山一郎は、文部大臣も経験している）。

安倍晋三、福田康夫が官房長官のみのキャリアで首相になったのとは大違いだ。

敗戦によって陸海軍が消えたことによって、大蔵省が「霞が関の王」として君臨し、大蔵省を知らずして国家を統べることはできなかったのである。

そんな霞が関の構図が変わったのは、平成になってから。

分水嶺となったのが、平成十（一九九八）年に起きたノーパンしゃぶしゃぶ事件（大蔵官僚らが新宿の風俗系飲食店で、MOF担と呼ばれた銀行マンから高額接待を受け、情報を漏洩した事件）だ。東京地検特捜部の摘発によって明るみに出た銀行や証券会社と大蔵官僚の癒着ぶりに世間は激高した。

大蔵省にとっては、将来を嘱望されていた何人もの優秀な官僚が失脚したのも痛かったが、この事件を機に「財政と金融の分離」（財金分離）の必要性が叫ばれ、大蔵省から金融庁が分離するきっかけとなった。

それから三年後に中央省庁再編によって財務省が発足するが、「国家の中の国家」だった昔日の面影はない。

高度経済成長を主導してきた通産省も経産省に衣替えした頃から、若手官僚が次々と退職するなど往年の輝きを失っている。通産省お得意の「行政指導」で企業を従わせる手法が時代遅れになってしまったのだ。

中央省庁再編以降、財務相を経験して首相になったのは、民主党政権の菅直人、野田佳彦の二人にとどまり、経産相経験者は、まだ誰も首相になっていない事実が、その凋落を雄弁に物語っている。

付言すれば、中央省庁再編の狙いの一つは、官邸機能強化だった。再編以降、官房長官出身の首相がのべ四人を数えているのも偶然ではない。

平成初頭にピークを迎えた政治改革運動が、「政治主導」の先導役となり、中央省庁再編によって権力の中心が、大蔵省から首相官邸に完全に移ったのである。

そうした政治・行政の構造的変化によって、官房長官ポストは、格段に重みを増した。

ちなみに、平成以降で一度も大臣を経験せず首相に就任したのは、細川護熙《もりひろ》、村山富市、鳩山由紀夫の三人で、閣僚経験がなかったのは、首相として政権運営を担うにあたってハンディとなったのは間違いない。

官房長官の一日

■二十四時間働けますか

官房長官は一体、どんな日常を過ごしているのか。

住むところは、首相官邸敷地内に官房長官公邸が用意されているが、ここに引っ越した政治家は誰もいない。

わずかに東日本大震災発災直後に枝野幸男が寝泊まりしたことがあるだけで、事実上は非常用宿舎の位置づけだ。

首相官邸近くには、コンビニが議員会館内にあるくらいでスーパーは近所になく、不便この上ない。

平成以降のすべての官房長官は、自宅か議員宿舎から通った。

ただし、大震災や戦争（日本が当事者となった戦争は戦後、起こったことがないが）、北朝鮮のミサイル発射など重大事案があったときには、すぐさま官邸に駆け付けねばならない。

もう一つ、これは法律でも政令でも明文化された規定はないのだが、原則として官房長官は東京を離れられない。

首相は、コロナ禍といった異常事態でもなければ、個別の首脳会談や国際会議出席のため年に何回も外遊し、国政選挙ともなれば全国を遊説する（宇野宗佑のように全国遊説できなかった首相もいたが）ので、東京を留守にすることが多い。

このため首相が官邸を留守にしたときテロなど万一のことがあった場合、即座に対応するため、官房長官は東京にいないといけないのだ（官房長官時代の菅訪米は、異例中の異例）。

新内閣が発足したとき、首相臨時代理予定者を順位付けして五人選任するのが、内閣法によって定められているが、ほとんどの場合、官房長官が指名されるのは理にかなっている（菅政権の第一順位は、官房長官ではなく副総理の麻生太郎だったが）。

歴代官房長官は、それぞれ個性豊かな政治家ばかりだが、休日のない激務を使命感でこなした、というのが共通点である。

朝寝と銀座が大好きな「怠け者」政治家はあまたいたが、「怠け者」官房長官は、私の知る限り、一人としていなかった（まぁ、そんな人はそもそも官房長官に起用されないだろうが）。

バブル経済崩壊前に発売された栄養ドリンクのキャッチコピー「24時間戦えますか」を地で行った菅義偉《よしひで》の官房長官時代を例にとってみよう。

官房長官の朝は早い。菅の場合、平日は朝五時前に起床し、腹筋運動を百回した後、赤坂の衆院議員宿舎の周りをＳＰと秘書官を連れて散歩していた。

朝六時半ごろからＮＨＫニュースをチェック。それまでに新聞各紙に目を通す。必ず読むのが読売新聞家庭欄「人生相談」だ。まず相談内容だけを読み、紙面上の有識者らの回答を見る前に自分ならどう回答するか考えるという。菅氏は「世の中にはさまざまな人がいることがわかるから」と語る。

宿舎を出るのは午前七時前。首相官邸近くのキャピトルホテル東急に移動し、八時過ぎまでさまざまな人と三十分から一時間程度、朝食を兼ねて面会する。

その後、閣議がある火曜と金曜はそのまま首相官邸に直行。それ以外の日は必ず衆院議員会館の自室に移動し、待ち構える番記者に対応した。

会館にある事務所でも三十分くらいの滞在時間に、与野党議員と面会したり、事務所のスタッフから報告を受け、打ち合わせもこなす。

起床後三、四時間で菅がインプットする情報は膨大だ。番記者にとっては、菅が会館自室に出入りするわずか数分の移動時間が、個別にやりとりをする貴重な機会となる。

一度官邸に入れば、午前十一時（閣議がある日は閣議後）と午後四時からの計二回の記者会見をはじめ、政府主催の会議、首相との打ち合わせ、与党からの要望や提言受け取り、各省庁幹部のレクチャーに忙殺される。

特に重要なのが、朝夕二回ある記者会見である。日本政府の公式見解が瞬時に日本の国内外に発信される重要な発信の場であり、ほんの少しの失言も許されない。諸外国では、米国の大統領報道官のように官僚が、政府の「スポークスマン」役を務めるのが普通で、日本のように大臣自らが一日に二回も会見を開くのは極めて珍しい。

内閣広報官が「スポークスマン」役をすべきだ、との議論も水面下では何度もあったが、日本の場合、官僚が少しでも「政治的発言」をしようものなら総スカンを食うのは目に見えており、いつも立ち消えになっていた。

このため準備は入念に行われる。官房長官付きの秘書官や内閣広報室の職員が、新聞やテレビニュース、ネット情報などを短時間で収集し、記者が聞きそうな質問を三十～四十本ピックアップし、各省庁の担当者と協議して想定問答をこれまた短時間でまとめあげる。御用聞きよろしく、記者にどんな質問をするのか事前に「取材」するのも慣例化している（一昔前なら、うるさ型記者が「どんな質問にも即座に答えるのが役目だろう」と怒鳴りつけられただろうが）。

会見の少なくとも十五分前に官房長官と事務方との打ち合わせが行われるが、すべての想定問答に目を通す暇はない。大まかな方針を確認して、あとは官房長官にお任せ、となる。

官房長官会見をいかに乗り切るかが、その後の政治人生に大きな影響を与えるのは言うまでもない。

■「長官タイム」とは

ただし、午後二時半から三時くらいまで、秘書官らが「長官タイム」と呼ぶ一人で過ごす息抜きの時間があった。秘書官らは緊急以外では声を掛けないようにしていたという。政局の重要局面で判断を下すため考えをめぐらす貴重な時間になっていた。

夜も忙しい。与野党国会議員や地方議員、企業幹部、マスコミ関係者などと夕食を兼ねて会合を重ねる。

菅の場合、「三階建て」の日がかなりあった。例えば、一軒目が午後六時から七時まで、二軒目が七時過ぎから八時過ぎまで、三軒目は、会合に合流する形で九時半ごろまで参加した。一日に会う人は常時百人を超え、相手も政治家や官僚はむろん、上場企業社長、NPO法人やベンチャー企業トップまで幅広く面会した。

会合を終えると衆院赤坂議員宿舎に帰宅し、玄関前で待ち構えている番記者の「囲み取材」に応じ、表向きの仕事を終える。

だが、帰宅後も気は休まらない。

時差が半日遅い米ワシントンからの情報が外務省などから入るのが、真夜中。大地震や大雨、北朝鮮が飛ばすミサイルも夜や明け方のケースが多い。官房長官として即座に対応を求められる場合も多々あり、平日の睡眠時間は多くても五時間くらいだったのではなかったか。

週末も朝五時には起きていた（これは首相になっても変わらなかった）。散歩など朝のルーティンはほぼ同じだ。

地方視察の日程が入る以外は、議員会館で官民問わず来訪者と面会していたのも平日とほぼ変わらない。

テレビ朝日系ドラマ「ドクターX」の主人公じゃないが、菅も「趣味・仕事、特技・仕事」を地で行く日々。

菅は周囲に「政治家になり、それなりの立場を得たら全力で働くのは当たり前だろう」と言ったとか。

とにかく「仕事大好き人間」でなければ、官房長官は務まらないのだ。

官房機密費の秘密

官房長官の力の源泉は、官房機密費という領収書いらずの打ち出の小槌にある。

リクルート事件を端緒として平成元年から始まった政治改革運動によって、政治資金の出し入れは劇的に厳しくなった。

法相経験者の河井克行が、妻の参院選出馬に際し、地元の市長や県会議員ら百人に計二千九百万円を配ってお縄になったが、昭和の昔なら不問に付されただろう。

何しろ自民党から出馬しようとすると、一回の国政選挙を戦うだけで、億単位のカネがかかった。「五当四落」(選挙費用に五億円使えば当選し、四億なら落選する)という例えが、平気で使われていた時代だ。

以下は実話である。改正政治資金規制法が施行される直前の平成初頭、知人が東京都議会選挙に二十三区内の某区から立候補しようと、引退予定の都議に挨拶に行った。

くだんの都議は、「君を全面的に応援する」代わりに七千万円の「地盤料」を要求した。その中には、区長や系列区議への「挨拶料」が含まれていたという。

「高いように思うかもしれんが、地盤も看板もない新人の君が毎朝毎夕、駅前に立っていったい何票になると思う?　安い買い物だ」

都議の言葉に、知人が立候補を断念したのは言うまでもない。

こうした露骨な金権選挙は、今では影を潜めたが、政治がカネで動き、カネによって政治が動く現実は変わらない。

改正政治資金規正法の埒外にある官房機密費は、その重みを増している。

かつての自民党は、派閥連合体といっても過言ではなく、派閥のボスが、ザル法だった旧政治資金規正法さえ事実上無視して、多額のカネを企業や団体、あるいは個人から集め、それを派閥の構成員にばらまいて成り立っていた。

ところが、改正政治資金規正法の施行によって、派閥は大口の資金源を絶たれ、国からの政党助成金の配分を差配できる党総裁（首相）と幹事長、自らの裁量で国の機密費を配ることのできる官房長官の政治力が相対的に増したのである。

では、官房機密費はいったいどんなカネなのか。

正確には、内閣官房報償費といい、国政の運営上、必要な場合、官房長官の判断によって支出される経費のことだ。

平成十四（二〇〇二）度以降、報償費の予算は約十二億三千万円で、ほとんど変わっていない。

しんぶん赤旗によると、第二次安倍政権が発足してから七年間で使った報償費は計八十六億三千百万円。

このうち官房長官が管理し、自身が受け取った時点で支出完了となる（自分が払う側であり、もらう側でもあるので領収書が不要）政策推進費は七十八億円で全体の約九割を占めた。つまり、一日平均三百万円を超すカネを使った計算になる。

使途について会計検査院が監査することはなく、実態はいまだベールの中にあるが、平成十三（二〇〇一）年に発覚した外務省機密費流用事件を契機に少しずつ明るみに出ている。

外務省機密費流用事件とは、首相外遊のロジ（ロジステックス、兵站。この場合は外遊する役人や同行記者を含め首相一行の宿舎やプレスセンターの設置、交通機関の手配など雑用一切を任された）を担当した外務省の要人外国訪問支援室長が、受け取った官房機密費計十一億五千七百万円のうち九億八千七百万円も横領した大スキャンダルで、後に北村一輝が室長役でテレビドラマにもなった。

実際の彼は北村のような二枚目ではなかったが、愛人に貢いだり、競走馬を買ったりと絵に描いたような豪遊ぶりだった。

だが、使途が明らかになったのは横領したカネの約半分の五億円。

残るカネはどこへ行ったのか？

キャリアの外務省幹部や永田町にも還流していたとされるが、捜査はそこまで及ばなかった。

なぜこんな大胆な横領ができたのか。一つには、首相の外遊自体が珍しかったころ、外遊費用をあらかじめ予算計上しておらず、かなりの額が予算化されている外務省機密費（正確には外務省報償費）から官房機密費にあらかじめ〝上納〟させていたためだ。

首相の外遊が決まるとロジ担当の支援室長が、官房長官室に出向いて現金で経費を受け取っていた。

官房長官室の側から見れば、あらかじめ預かっていたものを外務省に「返す」だけだから、使い道をいちいち誰何《すいか》することはない。もちろん、領収書は不要なので、使い放題なのだ。

ノンキャリアの支援室長は、当時の外務省詰め記者からは「外務省発行の白紙領収書をくれる気前の良いお役人」として有名で、首相外遊に同行し、恩恵を得た記者は数知れず。中には恩恵にありつき過ぎて週刊誌沙汰になり、飛ばされたＮＨＫ記者もいたが。

この事件が明るみに出たことをきっかけに、官房長官経験者で、機密費の具体的使途を初めて語ったのは、村山富市政権の官房長官を務めた野坂浩賢《こうけん》だった。

平成十三（二〇〇一）年一月二十六日付の朝日新聞で、こう語った。

「長官室の金庫には常時八千万円入っていた。（中略）最も多い使い道は餞別だ。国会議員が海外視察に出かける時に渡した。若い議員には三十万円ぐらい、委員長になると百万円ほどになる。（中略）三回ほど与野党の国会対策委員会幹部会に渡したことがあった。法案通過だったたか難しい政局を乗り切ろうとしてだ。一回当たり計五百万円ぐらい」

この記事が出た二日後、塩崎正十郎は、テレビ朝日の「サンデープロジェクト」に出演し、「野党対策に使っていることは事実です。現ナマでやるのと、一席設けて代金をこちらが負担するとか」「マスコミ懐柔のため一部有名言論人に配った」などと、あけすけに語った。

もっと踏み込んだのが、野中広務だった。平成二十二（二〇一〇）年五月、読売新聞の取材に対し、①月五千万円、最高で七千万円使った②内訳は首相に月一千万円、自民党国対委員長、参院幹事長に五百万円配った――と明かした。

そのうえで「評論家の元議員が、小渕首相に『家を建てたから三千万円ほしい』と求めてきたり、野党の元議員から『北朝鮮に行くから』と機密費を要求されたりしたこともあった」と暴露した。

「野中証言」にあるように、有力政治評論家の中には機密費の恩恵を受けた諸兄も多く、田原総一朗は「僕のところに一千万円持ってきたが、断った」とかつて話している。

　このとき既に政界を引退していた野中が、わざわざ機密費の内情を語った背景には、前年に政権交代を実現させた民主党に不透明な機密費改革を託したい意図があったのでは、と当時話題になったが、民主党政権は動かなかった。

　野党時代の民主党は、使途の透明性確保と公開を求めて法案まで国会に提出したが、政権を奪取すると、自民党政権同様、非公開を続けた。それほどまでに領収書の要らないカネには魔力がある。

　つまるところ、官房機密費の大半は、国会対策やマスコミ懐柔のため与野党の国会議員、有力政治評論家らに配られており、政権運営の「潤滑油」としての役割を一定程度果たしてはいるが、本来の目的である「国の事務または事業を円滑かつ効果的に遂行するため」とは言い難い。

　もちろん、諸外国でも機密費の「不適切な使用」の類いはいくらでもある。

　ジョンソン米大統領は、ホワイトハウスで自分好みの強い水圧のシャワーを浴びるため数万ドルの機密費を使って配管からつくり直したんだとか。

　本来の使われ方もスケールが違う。確度の高いテロ情報を提供した場合の報奨金は、かつては五百万ドルの上限があったが、今や天井知らず。

　かつて「諸外国の機密費の実態は」という質問主意書が出され、政府も一応調査したが、まともに答えてくれた国はなかった（当たり前だ）。

すでに物故している官房長官経験者は、「官房機密費は使い勝手がいいが、官邸の小遣い銭に過ぎん。本当にテロ情報や外国の機密情報をとろうと思えば、金額も仕組みも変えんといかん」と語っていた。

敗戦から早くも七十六年。ちまちました内閣官房機密費はそろそろやめにして、本格的な情報機関を創設し、金額も大幅に増やして予算に情報収集費として計上した方がいい。時代は、もはや昭和でも平成でもない。

第二章

自民単独政権のたそがれ

竹下登内閣

雷になった「平成おじさん」

小渕恵三

竹下内閣、
昭和62（1987）年11月6日～平成元年（1989）年6月3日

神社に参拝してもおみくじは引かないし、スピリチュアルと聞くと眉に唾し、キリストの復活ももちろん信じていない私だが、怨霊は存在するのではないか、と心密かに思っている。

というのも、あれを見てしまったのだ。

平成十二（二〇〇〇）年五月十四日の夕刻。息を引き取ったばかりの小渕恵三の遺骸を乗せた霊柩車が、病院から王子の自宅に戻るため首相官邸前を通過したとき、夫人が「官邸ですよ」と語りかけるや否やたちまち空はかき曇り、あっという間に稲光とともに雷が官邸隣の国会議事堂に落ちたのだ。激しい涙雨が首相官邸の屋根をたたきつけたのは言うまでもない。

あまりの凄まじい雷と雨に、そのとき首相官邸脇の記者室にいた我々記者たちも震え上がった（生前の故人に厳しい原稿ばかり書いていたからねぇ）。

菅原道真《みちざね》が流された太宰府《だざいふ》で亡くなった後、京の清涼殿に落雷し、多数の死傷者が出たのを「道真の祟《たた》り」だと都びとが恐れおののいたのもよくわかった。

スピリチュアル風に書けば、怨霊となった小渕は何に怒っていたのか。

脳梗塞で倒れる直前、四月一日夜に連立政権離脱を通告にきた小沢一郎にか、国会でNTTドコモ株疑惑（小渕の実兄と秘書がドコモの未公開株を保有し、七十億円以上の利益を得ていたとの疑惑）を追及していた民主党の鳩山由紀夫か、はたまた自らのリーダーシップでサミットを沖縄で開催することを決めたのに、出席できなくなったことへの悔しさか。

霊媒師でない小生にはわかるわけもないが、穏やかな物腰と言動は仮の姿で、実は「執念の人」だった、と思う。

田中真紀子は彼を「凡人」と評したが、本当に凡人であったのなら、宰相になろうと飽くなき努力はしなかっただろう。

小渕は、竹下登に可愛がられ、竹下政権で官房長官に抜擢されるのだが、最も目立った仕事は、昭和天皇が崩御した日、「平成」と書かれた額を掲げ、「新しい元号は平成であります」と宣言した記者会見だった。

そのほかの仕事ぶりは、とんと記憶にない。

在任中に昭和天皇の御病状が悪化し、官邸は日々緊張を強いられたから致し方のない面もある。だが、結果的に竹下政権を崩壊に追い込んだリクルート事件への対応が、後手後手にまわった観は否めない。

政権に直結するスキャンダルのダメージを最小限にとどめる危機管理ができなかったのである。

とにもかくにも昭和から平成への過渡期に官房長官を務めたことで、「平成おじさん」というニックネームがつき、知名度も上がって総理への道一直線、と本人としては行きたかったところだが、その後の紆余曲折が長かった。

竹下内閣から宮沢内閣末期までは、「経世会（竹下派）でなければ人にあらず」といわれるほどの経世会全盛時代だったのだが、派閥を支えた中核は、小渕ではなかった。

小渕より当選回数が二回も少ない「花の四十四年組」が経世会を牛耳っていたのだ。

花の四十四年組とは、昭和四十四年衆院初当選組のことで、小沢一郎、梶山静六、羽田孜《つとむ》、渡部恒三、石井一《はじめ》、奥田敬和《けいわ》ら綺羅星の如き人材が田中角栄のもとに馳せ参じ、後の竹下派結成の原動力となった。

それに引き替え、小渕は竹下から絶大な信頼を得ていたものの、「四十四年組」からは、煙たがられていたのは確か。派閥内では、少々浮いていて、「中二階」的存在だったといっても過言ではなかった。

平成五（一九九三）年、東京佐川急便事件の責任をとって議員辞職した金丸信が派閥会長もやめた後、後継に小渕が選ばれたが、小沢らは派閥を飛び出し、経世会は分裂した。派閥会長になって、新聞やテレビで使われる呼称も「小渕派」となった。

だが、実質的なオーナーが、竹下のままなのは、永田町の住人なら誰でも知っており、「小渕総理」待望論はなかなか広がらなかった。

派閥会長になってからまもなく、自民党が下野したことも大きな理由だが、同じ派閥に橋本龍太郎という大スターがいたのだ。

村山富市政権のころだったと記憶するが、軽井沢で小渕派の研修会が開かれ、助っ人記者として出かけた（一昔前まで、派閥の研修会は一大イベントで、主要派閥の研修会ともなると、いわゆる番記者だけでなくヒマな若手記者が派遣されていたのだ）。

研修会取材を終え、打ち上げパーティ会場に向かう通路を急いでいると、前を歩いている会長の小渕に記者が誰もぶら下がっていなかったのである。

ぶら下がり、というのは政治記者が使う符丁で、政治家など取材対象者と歩きながらやりとりする（政治家が立ち止まって応対する場合も含む）ことで、ぶら下がる記者の数が多いか少ないかは、政治家の人気のバロメーターだった。

小渕派は、メディア対策が厳しく、ぶら下がり取材を禁止しているのかな、と思っていたらそうではなかった。後からやってきた橋本や梶山には、記者が鈴なりになって何事か聞いている。少し離れて、当時売り出し中だった野中広務にも何人か記者がついていた。

このとき、小渕は「今に見ていろ」と期するものがあったはずだ。

ほどなく、橋本は自民党総裁になり、村山政権終焉とともに首相の座に就く。

一方、小渕は無役のままで、総選挙後の第二次橋本内閣発足にあたって衆院議長就任の話が持ち上がった。

衆院議長は権威あるポストであるのは間違いないのだが、衆院議長をやってから行政府の長である首相になった例はなく、完全な「上がりポスト」なのである。

官房長官退任後、主要ポストから遠ざかっていた彼は、一時とびつきそうになったが、地元や同じ早稲田仲間の青木幹雄らが反対し、思いとどまった。

ここから首相への道が開かれていくのだから、人生塞翁が馬である。

とはいえ、参院選で自民党が敗れ、橋本政権は退陣するが、すんなりと小渕に宰相の椅子がまわってきたわけではない。

事と場合によっては、「四十四年組」の中で、竹下・小渕の側に立って小沢と戦った梶山が、天下を獲っていたかもしれないのだ。

　橋本が退陣表明した直後、梶山が総裁選へ出馬しようと腹を固めたことを知った小渕派幹部の野中は、会長の小渕に「こんな厳しい経済状況の時に、あなたが総理をやるのはやめなさい。風はあんたに吹いていない」と出馬しないよう勧めた。

　ところが小渕は、座っていたソファーからすくっと立ち上がり、こう宣言したという。

「小渕恵三、これでも男だ！　いったん立候補すると言った以上、絶対にやめない。そんなこと言ってやめるんなら、俺は衆議院議員を辞める。立候補は貫き通す。結果は天が決めることだ」（『聞き書　野中広務回顧録』岩波現代文庫）

　自民党総裁選では、梶山と小泉純一郎を大差で破り、男子の本懐を遂げた。

　そして、人生の最終盤で一対一の、文字通り命を懸けた話し合いをしたのが、これまた「四十四年組」の小沢だった。政治家とは、なんと因果な商売なことか。

　国会には、その後、もう一度、雷が落ちている。平成十五（二〇〇三）年九月三日夕刻のこと。高さ約六十五メートルの本館中央塔頂部を直撃したのだ。

　落雷で外壁の一部がはがれ、バケツ一杯分の破片が中庭に乱れ散った。空襲の難を逃れた議事堂にとっては、修繕に四カ月もかかるほどの被害で、議事堂竣工以来の〝大事件〟となった。ちょうどこの日、小泉自民党総裁の再選をめぐって独自候補を擁立しようとした野中と小泉を支持する青木らが鋭く対立。結局、橋本派は事実上、分裂した。

野中は数日後、政界引退を表明するが、記者会見でこう言い放った。

「今回の落雷は、今の国政に竹下さんが鞭を打っている思いがした」

竹下は、小渕が倒れる前から体調を崩し、入院していたが、小渕が再起不能の状況にあることを知って政界引退を決意。小渕の死去からわずか一カ月後にこの世を去った。

二度の議事堂への落雷以降、経世会やその後継の平成研究会出身の宰相は、わずかな期間しか在籍しなかった（言い方を変えれば、後ろ足で砂をひっかけるように派閥を出て行った）鳩山由紀夫、菅義偉を除いて誰もいない。

荒ぶる小渕や竹下の霊が鎮まるまでは、このジンクスは破れないのではないか。

スピリチュアル風に書けば、こうなる。信じるも信じないもあなた次第だが。


小渕恵三（おぶち・けいぞう）昭和十二（一九三七）年、群馬県生まれ。早稲田大学第一文学部卒。同大学院政治学研究科修了。昭和三十八（一九六三）年、二十六歳の若さで衆院群馬三区から自民党公認で出馬し、当選。以後、十二回連続当選。大平内閣で総理府総務長官兼沖縄開発庁長官として初入閣。竹下内閣で官房長官、橋本内閣で外相を務めた後、平成十（一九九八）年、自民党総裁選で梶山静六らを下し、自民党総裁に。同年七月三十日、首相就任。平成十二（二〇〇〇）年五月十四日死去。次女は元経産相の小渕優子。

評価：★★★☆☆

機密費をバラした「塩爺」

塩川正十郎

宇野内閣、
平成元（1989）年6月3日〜平成元（1989）年8月10日

「塩爺」こと塩川正十郎《まさじゅうろう》が、第一次小泉純一郎政権で財務相に起用されたとき、すでに七十九歳になっていた。

それまでも運輸相、文相、自治相などなど数多くのポストをこなしてはいたが、主流派でなかった時代が長かった清和会（初代会長は福田赳夫）に属し、どちらかといえば玄人受けするタイプだった。

宇野内閣で官房長官を引き受けたのは、六十七歳のとき。ひょうひょうとした「塩爺」という晩年のイメージとはほど遠く、「安倍（晋太郎）派四天王」の一人として普段は温厚なのだが、怒ると怖い「頑固ジジイ」的存在だった。

なぜ首相の宇野宗佑が属していた中曽根派でなく、宇野とほとんど接点のない安倍派の塩川が、「雇われマダム」よろしく内閣の要である官房長官に起用されたのか。

これには、リクルート事件で退陣に追い込まれた竹下政権の後継政権づくりが難航したことと密接な関係がある。

竹下登と「ポスト中曽根」を争った安倍晋太郎、宮沢喜一の二人ともが「リクルートマネー」に汚染されており、謹慎を余儀なくされていた。

後任の切り札とされた政治改革のシンボル的存在だった元官房長官の伊東正義にも「表紙だけ替えてもダメだ」と固辞され、「ポスト竹下」は混迷を極めた。

竹下が、清廉潔白で知られる伊東を本気で指名しようとしていたのかは、当時から疑問視されていたが、のちに竹下は本気で伊東に出馬を要請したわけでなかったことがわかる。

伊東は、首相を引き受ける条件として派閥の領袖全員（つまり、竹下、安倍、宮沢ら）の議員辞職を迫っていたのだ。

滋賀県知事から衆議院議員に転じ、安倍派に所属していた武村正義は、知事時代から面識のあった竹下が退陣表明した直後の平成元（一九八九）年四月、議員会館に彼を訪ね、「次、どうするんですか」とずばり質問した。

竹下は、あわてず騒がず「国会便覧」を取り出し、当選回数別分類のページを見せながらこう言ったという。
「安倍ちゃんをな、とにかく総理にしなくてはいかんわけだ。いまは無理なんや。リクルートだから。早く安倍ちゃんを総理にするためにはどうするかと俺は考えているんだ。安倍ちゃんより当選回数の少ない男を探したら、もう安倍ちゃんの目がなくなるんだ。安倍よりも一つでも二つでも上（の当選回数）を探すと、宇野宗佑か海部しかおらんのや」（「聞き書　武村正義回顧録」岩波書店）

竹下・安倍の堅い友情に裏打ちされた盟友関係を彷彿とさせるエピソードだが、このころ、安倍はすい臓がんのため入院してしまう（当時は総胆管結石と発表され、がんであることは公表されなかった）。

時計の針を先に進ませないためにも「ポスト竹下」は、早い段階から二人に絞られ、現実もそうなった。

こうして外相としてそれなりに手腕を発揮していた宇野にお鉢がまわってきたのだが、悲しいかな、宰相になるための準備を何もしていなかった。第一、彼は中曽根派幹部でありながら頼りになる子分がいなかった（中曽根派のホープは、リクルート事件で失脚した藤波孝生だった）。

首相の側用人である政務担当の首相秘書官でさえ、勤続年数の浅い議員会館詰めの若手を使わざるを得なかったほど。

ましてや意中の官房長官候補などいるわけはなく、宇野内閣の閣僚名簿は竹下と金丸信がつくったといわれる。

そこで官房長官に白羽の矢が立ったのが塩川だった。

自民党幹事長は、竹下派から出すことが既定路線になっており、官房長官まで竹下派から出すと名実ともに「竹下亜流政権」となり、外聞が悪い。そこで病床に伏していた安倍晋太郎への友情の証しとして最側近であった塩川が起用されたというわけだ。

とにもかくにも急造の「宇野丸」は出航したのだが、とたんに「神楽坂芸者スキャンダル」に巻き込まれた。

世にいう「三本指事件」で世の女性の顰蹙《ひんしゅく》を買った宇野は、七月二十三日投票の参院選に臨んだが、自民党総裁であるにもかかわらず、地元・滋賀を除いてどの選挙区からも遊説を要請されなかった。

予想通り、自民党は歴史的大敗を喫し、宇野内閣は六十九日で命運が尽きた。

この間、塩川は記者会見や懇談などで首相の宇野をかばってはいたが、どこか他人行儀で心ここにあらず、という風情だった。

今にして思えば、親分である安倍晋太郎の病状が予想より深刻だったのが、気がかりだったのだろう。

何よりも首相と官房長官との間に、真の意味での信頼関係がなかった。

いかに竹下・安倍の盟友関係からとはいえ（本音からいえば、リクルート事件という不本意な形で政権を投げ出さざるを得なかった自身の再登板の芽を残すためでもあったろう）、宰相としての実力のない者をトップリーダーの座につけてはいけなかった。

私利私欲から平成の政治を停滞させた竹下の罪は重過ぎる。

結局、仕事らしい仕事もできず、塩川の「六十九日長官」は終わりを告げた。

それから十二年後、数え八十歳で、財務相という要職に抜擢されたのは、ずばり自民党総裁選での論功行賞だった。

小泉が出馬した平成十三（二〇〇一）年の総裁選は、元首相・橋本龍太郎と小泉の一騎打ちの情勢になっていたが、総裁選には清和会を飛び出していた亀井静香も名乗りを上げていた。

地方票で橋本を圧倒していた小泉だが、議員票では橋本有利とみられていた中、小泉の選対本部長を務めていた塩川は、亀井と接触。

「もともと亀井君も清和会にいたんだから、この際、小泉を男にしてやってくれんかね」

とかき口説き、小泉内閣の閣僚ポストは亀井と十分相談するという条件付きで議員投票直前、彼を総裁選から撤退させるという離れ業を演じてみせた。

「塩川工作」もあって小泉は、総裁選に圧勝し、「副総理兼財務相」という最重要ポストでその恩に報いた。

しかし、塩川と亀井のポストをめぐる密約は反故にされ、亀井は怒り狂う。これがのちの「郵政解散」につながるのだが。

単なる論功行賞人事だったのだが、新聞やテレビは勝手に「小泉流サプライズ人事」だのなんだのとはやし立て、「癒やし系大臣」として国民的人気を博した。まさに瓢箪《ひょうたん》から駒、人生いろいろである。

財務相時代の唯一のピンチが、官房長官時代の経験（つまり、官房機密費を野党対策に使っていた）をテレビ番組でしゃべった件が、国会でとりあげられたときだった（第一章参照）。

共産党の穀田《こくた》恵二が、平成十三年五月十五日の衆院予算委員会で、「発言は事実か」と厳しく塩川に迫ったのである。

予算委員会で隣に座っていた小泉も「まずいことになったな。これは大きな問題になるのではないか」と肝を冷やした。

このとき、塩爺は慌てず騒がず、こう切り返した。

「発言したことを忘れてしまいました」

議場は、一瞬の静寂の後、爆笑の渦に包まれた。

穀田はなおも「野党対策に使ったことも忘れてしまったのか」と食い下がったが、塩爺は「どういう質問に答えたかは、忘れてしまいました」と悠然と答え、この問題はそのままうやむやになった。

加齢を逆手にとった見事な「迷答弁」だったが、このとき議場に塩川官房長官時代に機密費をうけとった議員がいたとか、いなかったとか。

本来なら在任日数が短く、「評価不能」とすべきだが、機密費について証言したことを多とし、★三つとする。

評価：★★★☆☆

塩川正十郎（しおかわ・まさじゅうろう）大正十（一九二一）年生まれ、平成二十七（二〇一五）年没。大阪府生まれ。慶應義塾大学経済学部卒。終戦後、会社経営、布施市助役などを経て昭和四十二（一九六七）年の総選挙で衆院大阪四区から立候補し、当選。元外相・安倍晋太郎を支えた安倍派四天王の一人で、晋太郎の死後は、息子の晋三を庇護し、慶応の後輩である小泉を一貫して支持した。

史上最短記録のわけ

山下徳夫

第一次海部内閣、
平成元（１９８９）年８月10日～平成元（１９８９）年８月25日

在任期間が史上最長の官房長官といえば、菅義偉というのは、クイズとしてはごく簡単な部類に入るが、最短の官房長官となると超難問だ。

各社の現役政治記者五人に聞いてみたが、誰も正解できなかった。答えは海部俊樹内閣最初の官房長官・山下徳夫で、在任期間わずか十六日である。

平成元年の参院選で歴史的大敗を喫した宇野内閣のあとを受け、「クリーンさ」を買われて緊急登板した海部は、当時自民党を支配していた経世会とのパイプが太い「トクさん」こと山下徳夫を躊躇《ちゅうちょ》なく官房長官に起用した。

河本派という弱小派閥に属し、リクルート事件に連座していないという理由だけで、棚からぼた餅の如く首相の座に就いた海部にとって、「トクさん」は頼みの綱だった。

リクルート事件で退陣を余儀なくされたものの、影響力を保持し続けた竹下登、それに経世会会長として党内最大の実力者となった金丸信との調整なくして政権は一日も持たないとの判断からだ。

だが、好事魔多し。

前首相の宇野宗佑が、サンデー毎日が報じた女性スキャンダル（「現役首相が手切れ金をけちった」と、神楽坂のコンパニオンに告発されたもので、月三十万円の愛人契約を意味する「三本指」が流行語になった）によって大きなダメージを受けた直後とあって、山下も女性関係を清算しようとしたのが、運の尽き。

四十歳年下の元愛人に三百万円の手切れ金を払って口止めしようとしたのだが、あっさり露見してしまった。

「トクさん」は、風貌からも謹厳実直なイメージが強かっただけに、週刊誌のゲラ刷りのコピーが瞬く間に議員会館に流れると（今ならネットであっという間だが、スキャンダル記事のコピーが会館内に広まるスピードも一瞬だった）、海千山千の議員秘書たちもびっくりしていた。

これには、「清廉潔白」を売り物にスタートした首相も大弱り。

好感度だけが頼りというのに、スタートダッシュで側近中の側近が躓《つまず》き、大きく出遅れてしまった。

結局、二週間とちょっとでクビになったしまったわけだが、これが海部政権にとって塞翁が馬となった。

後任として環境庁長官として入閣していた森山真弓を横滑りで官房長官にあてたのが、「女性初の官房長官」としてヒットしたのだ。

当時、今は鬼籍に入った首相秘書官に「なぜ森山さんなのか」と聞いたところ、「女性は女性問題を起こさないから」と真顔で言われたのを思い出す。

あれから三十年以上経つが、その後「女性官房長官」は誕生していない。ということを考えあわせると、「トクさん」があわてて手切れ金を渡さなかったら、未だに女性官房長官は、誕生していなかったかもしれない。

その「功績」と、辞め際の潔さを加味して官房長官としての評価は、星二つ。

本人の名誉のために付け加えておくと、政治家としては人情味があり、調整能力のある人物で、官房長官を辞めた二年後には、宮沢内閣で厚生相として復権している。

もうひとつ、彼は大変な強運の持ち主であったことは忘れてなるまい。

運輸大臣だった昭和六十年八月十二日、地元から急遽、上京するため搭乗した日航機は、無事着陸後、羽田から一二三便大阪行きとなった。一二三便が、離陸してしばらく後に御巣鷹山に墜落したのはご存じの通りである。

圧力隔壁の修理ミスが事故原因とされているが、それならば山下が犠牲者になっていてもおかしくなかった。

その三年前にも乗り遅れた搭乗予定機が、羽田沖に墜落したという稀有な体験をしている。

彼は九十四歳の天寿を全うしたが、ひょっとすると、あのまま官房長官を続けていたら宇野内閣に続いて海部内閣もあっけなく崩壊していたかもしれない。そういう意味では、すばやい出処進退が海部政権の墜落を未然に回避した、ともいえる。人間の運はつくづく不可思議なものである。

評価：★★☆☆☆

山下徳夫（やました・とくお）　大正八（一九一九）年生まれ。平成二十六（二〇一四）年没。佐賀県出身。明治大学専門学部法科を経て専修大卒。家業である材木業を継ぐ傍ら佐賀県会議員に。昭和四十四(一九六九)年、衆院初当選。官房長官のほか運輸相、総務庁長官などを歴任した。

選挙が終われば用無し女性「第一号」

森山真弓

第一次海部内閣、
平成元（1989）年8月25日～平成2（1990）年2月28日

女性初の官房長官が、なぜ誕生したかは、山下徳夫の項で書いたが、森山の就任から三十年経っても彼女以外に官房長官を務めた女性が誰一人いないとは、当時想像すらできなかった。

企業の事業主が、採用や昇進などを性別によって差別してはならないと定めた男女雇用機会均等法が施行されたのは、昭和六十一（一九八六）年のこと。

「女性は大学を出て就職しても腰掛け程度で、寿退社が当たり前」という風潮が色濃く残っていた昭和後期としては画期的な法律で、施行から三年後に登場した女性官房長官

「第一号」は、「均等法」時代の幕を開ける象徴的存在となった。

何しろ「均等法」は、労働省の婦人少年局長だった森山自身が、政府内外の慎重論を押し切って草案作りに心血を注いだものだったのだ。その苦闘ぶりは、後にＮＨＫの人気番組「プロジェクトX」でとりあげられたほど。

森山には、「第一号」という冠が多い。

戦後、女性に門戸開放した東京帝国大学法学部に入学した「第一号」であり、国家公務員上級甲試験に合格、女性キャリア職員「第一号」にも輝いた。もちろん、女性官房長官「第一号」でもある。

女性官房長官の誕生で、官房長官どころか、女性首相も近々誕生するだろう、というムードも高まったのである。

社会党委員長だった土井たか子も、非自民党政権が誕生した平成五（一九九三）年の総選挙直後には、首相候補者の一人に下馬評で上がっていたほど。

でも、現実は甘くない。

日本史上初の女性官房長官は、わずか六カ月、百八十七日で終わりを告げたのだ。

彼女の仕事ぶりに、明白な落ち度があったわけではない。

スポークスマン（森山流に書けばスポークスパーソン）としては、テレビカメラを意識して毎日の服装にも気を遣い、失言もなく（逆に言えば面白みに欠けたが）、百点満点に近かった。

海外メディアとのインタビューにも積極的に応じ、前首相・宇野宗佑の「ゲイシャ・スキャンダル」によって深く傷ついた日本政治のイメージ回復へ大いに役立った。

一方で、半年間の在任中に内外ともに大きな出来事がなかったせいもあって（天安門事件は前々任者のとき起こり、イラクによるクウェート侵攻は退任後）、官房長官が主導して何かを政策的に実現させたかは、さっぱり思い出せない。

最も記憶に残っているのは、大相撲千秋楽の表彰式で森山が、女人禁制の土俵にあがって総理大臣杯を優勝力士に渡そうとしたことくらいだ。

当時は、後の小泉純一郎のように文字通り総理大臣杯を首相自らが渡すというパフォーマンスは慣例としてなく、長官の番記者たちが「官房長官が渡せばいいんじゃない」とけしかけたのだ。

というのも森山が、労働省の婦人少年局長時代、東京青年会議所が主催した小学生を対象とした腕白相撲で、女子が勝ち進み、決勝戦の舞台となった国技館の土俵にあげる、あげないの騒動になった（結局、あげなかったが）。

このため森山自身が、善処を青年会議所や相撲協会にねじ込んだものの、やんわりと拒否された経緯があったのを番記者たちが知っていたからだ。

番記者にのせられる形で、相撲協会に秘書を通じて「私が総理大臣杯を渡したい」と打診したところ、腕白相撲とは比べものにならないほどの大騒ぎとなった。

結局、土俵にあがるのをあきらめて矛を収めたのだが、「そんなどうでもいいことで、突っ張らなくてもイイのに」と海部番で長官番記者でなかった私は、冷ややかに眺めていたのを今でも覚えている。

「土俵騒動」の余韻冷めやらぬ平成二（一九九〇）年一月二十四日、首相の海部俊樹は、衆院解散・総選挙に打って出た。

初の女性官房長官という物珍しさもあって、選挙応援にきてほしい、という依頼が全国各地から殺到した。建前的には選挙中であれ、危機管理を担う官房長官が東京を離れるのは御法度だったが、全国三十一選挙区を応援に駆け巡った（勝敗は二十六勝五敗、自民党も大勝した）。

海部と並ぶ「自民党の顔」となったわけだが、選挙後の内閣改造であっさりクビを切られた。

予感があったのだろう。選挙後、森山は海部を訪ねて、こう直談判している。

「衆議院選挙の好結果は、海部首相を中心とした第一次内閣の姿ややり方を、国民が支持してくれたからである。だから選挙に勝ったら『人心一新』と称して、ガラリとその姿を変えてしまうのは、むしろ国民の期待にそむくことになりはしないか。（中略）もしここで、女性を一人もなくしてしまえば、海部さんは新しい考え方をする人かと思ったが、やっぱりあれは選挙向けのポーズにすぎなかったのだ、勝てばもういらないという、身勝手な古いタイプの政治家と同じじゃないかと、世間に、とくに女性たちに思われてしまう。それは心外でしょうから、ぜひ今度も一人でいいから、女性をお加えください」（「非常識からの出発」小学館）

だが、海部は森山を含め二人の女性閣僚を再任せず、女性閣僚はゼロになった。

その悔しさ、察するに余りある。

内閣改造後の三月三日、産経新聞夕刊に指揮者、岩城宏之の次のような寄稿が掲載された。

「要するに自民党のジジイどもは、森山さんたちを選挙に利用しただけで、選挙に勝てばもうイラナイヨとポイしたのだ。森山さんの衆院鞍替えの希望も踏みにじった上でこの始末だ。派閥ボスどもの頭には、国会対策というヘドロ以外ないらしい」

まさに、この通りだった。

もし、内閣改造で海部が、派閥の意向を押し切って森山を留任させていたなら、それから三年後、自民党が衆院選で過半数をとれず、下野することはなかったと断言できる。

このときの海部の決断が、非自民政権誕生の扉を開き、歴史の歯車を回したとも言えるのだが。

アメリカに「ガラスの天井」があるように、日本にも「官邸の天井」が厳然としてあった、というか、今も厳然としてある。

日本では、現在の参院議長山東昭子のほかにも、扇千景が参院議長、土井たか子が衆院議長を「森山官房長官」時代の後に務めており、国会議事堂の天井は、「森山前」に比べ、格段に低くなった。

アメリカでもバイデン政権の上下両院の議長は、いずれも女性だが、次期大統領が、現在の黒人女性副大統領になるか、と問われれば「大統領にもしものことがない限り難しい」と答えざるをえない。

事前の世論調査で圧倒的優位に立っていたヒラリー・クリントンが、ジェンダーフリーとは無縁の（というか対極にある）トランプに敗れた事実を忘れてはいけない。

日本とアメリカ、どちらが先に天井を破る女性が出るのか。

案ずるより産むが易し、とはよく言ったもの。巷間とりざたされる「女性首相候補」を一人ひとり子細に点検してみると、能力的に「森山長官」の域に達している政治家がようやく出てきた。高市早苗もその一人だ。

正直に書けば、一回目の総裁選で勝たなくて良かった。首相を目指すのならば、時間をかけてもっともっと政策を勉強し、女性議員同士、もっともっと切磋琢磨すべきだろう。だから首相は男でないとダメ、なのではない。個々の議員レベルでは、女性の方が優秀なような気がする。

もっともっと男子も頑張らねば。これは、私自身に言い聞かせている。

評価：★★★☆☆

森山真弓（もりやま・まゆみ）昭和二（一九二七）年東京都生まれ。旧制津田塾専門学校、東京大学法学部卒。昭和二十五（一九五〇）年労働省入省。昭和五十五（一九八〇）年、参院栃木選挙区から立候補し、当選。参院連続三期当選後、衆院に鞍替え。官房長官退任後、宮沢内閣で文相、小泉内閣で法相を務めた。夫は元運輸相の森山欽司。

ミソやんと呼ばれた「昭和の政治家」

坂本三十次

第二次海部内閣、第二次海部改造内閣、
平成２（１９９０）年２月28日～平成３（１９９１）年11月５日

「ミソやん」と、自分の息子より若い番記者たちにも気安く呼ばれていた（さすがに本人に面と向かっては言わなかったようだが）坂本三十次《みそじ》は、たたき上げで親しみやすく、ちょっぴり頑固な昭和の香りのする政治家だった。

三木武夫を物心両面で支え、派閥を事実上継承した河本敏夫が率いた河本派（新政策研究会）は、三木の流れをくむリベラル色の比較的濃い保守政治家が集う小さくともピリリと辛い個性派集団であった。

中でも坂本は、河本の信頼厚く派閥の番頭格だったが、竹下登が一本釣りの形で、河本派の中堅・海部俊樹をポスト宇野の総理候補に担ごうとしたとき、激しく反対した。

自民党三役や主要閣僚を経験したことのない海部が首相になれば、竹下派の傀儡《かいらい》政権となるのは目に見えていた。そればかりか、世代交代が進み、熱望してやまなかった「河本総理」実現の夢が、露と消えてしまう危機感があった（事実、河本政権は実現しなかった）。派内の軋轢《あつれき》が高まり、最終的に河本が、「これからの私の仕事は、二十一世紀を担う政治家を育てることだ」と坂本らをなだめて海部支持を表明、自身の総裁選出馬を見送り、海部政権が誕生した。

海部は、竹下派と近い山下徳夫を官房長官に起用したが、女性問題であっという間に辞任したのは前述した通り。

山下辞任のピンチヒッターとして森山真弓が抜擢されたわけだが、坂本は無役のままだった。

自民党が大勝した平成二（一九九〇）年の総選挙後にようやく坂本が官房長官に起用されたのも海部に請われて、というより河本が無理矢理押し込んだ、というのが実態に近い。海部にとっては、森山を留任させた方が、支持率の面からも好都合だったからだ。

このため我々は、新内閣の発足翌日から首相と官房長官との関係の微妙さを面白おかしく書き立てた。

だが、「ミソやん」は、自分より若輩の海部を懸命に支えた。

前任者は、女性初の官房長官として内外のメディアに派手にとりあげられた森山とあって、彼の「地味さ」は際だっていた。

それだけに、坂本の下で官房副長官を務め、後に衆院議長になる大島理森《ただもり》が、「長期政権を目指すのではなく、一秒、一分、一時間、一日、全力で取り組んだ」と後にこう振り返ったように、日々の職務に全力を尽くした。その甲斐あって、海部政権の支持率は、目に見えて上がっていった。

ところが、好事魔多し。

政権も軌道に乗ってきた平成二（一九九〇）年八月、突如としてイラクがクウェートに侵攻したのである。

冷戦終結後の最初の試練とあって、世界はもとより、日本の首相官邸も動揺した。

国連安全保障理事会の決議に基づき、多国籍軍が編成されると、日本は何ができるのか、という議論が内外で沸騰した。

しかし、「平和憲法」を後生大事に護持していた当時の日本は、カネを出すほかは何もできなかった。

ブッシュ米大統領からの矢の催促で、合計百三十億ドルもの大金をアメリカに供与したものの、「トゥー・レイト、トゥー・リトル」（遅すぎるし、少なすぎる）などと、国際社会から揶揄《やゆ》され、評判も最悪だった。

このため憲法九条の制約の中で「目に見える貢献」をしようと、「国連平和協力隊」創設構想が浮上。急遽、「国連平和協力法案」が国会に上程されたのだが、なんとも付け焼き刃だった。

何しろ「国連平和協力隊」構想は、飛ぶ鳥を落とす勢いだった自民党幹事長、小沢一郎が主導していただけに、坂本をはじめ首相官邸はどうしても受け身になりがちだった。

国連平和協力隊といっても実質は、自衛隊の派遣となるため、協力隊員の身分を自衛隊員と併任にするのか、休職・出向扱いにするのかに始まって、指揮権や武器使用をどうするのかなどなど、内閣法制局との協議は難航を極め、法案は見切り発車の形で国会に上程された。

こんな法案が、自衛隊違憲論で凝り固まっていた社会党が強かった当時の国会を通るわけはない。結局、廃案となり海部政権は、大いにぐらついた。

さらに海部政権に追い打ちをかけたのが、政治改革法案の廃案だ。

リクルート事件によって誕生した海部政権にとって「一丁目一番地」は、政治改革の実現だった。

ところが、政治改革推進派の小沢が、平成三（一九九一）年の東京都知事選で、自民党都連の意向を無視してＮＨＫの磯村尚徳《ひさのり》元キャスターを擁立し、敗北した責任をとって幹事長を辞任してから、自民党内の風向きが変わった。

「守旧派」と呼ばれた中選挙区維持派が、息を吹き返したのである。

このとき、自民党幹事長は小渕恵三だったが、国会運営は国対委員長だった梶山静六に全面的に託されていた。

梶山は、この難問である政治各法案を扱う特別委員会の委員長に盟友・小此木彦三郎をあてた。

梶山は、小沢が強引に進めようとしていた小選挙区制導入を柱とした政治改革法案に懐疑的な立場をとっていた。小此木はより慎重派だったといえ、梶山・小此木ラインは、早い段階から「廃案やむなし」との判断に傾いていた。

危機感を抱いた坂本は、巻き返しに動いたが、遂に梶山・小此木コンビを説得することができなかった。

政治改革法案の廃案が決まったとき、海部は「重大な決意」を口にし、衆院解散・総選挙に踏み切る意向を示した。

だが、政権の後ろ盾になっていた竹下派が海部を見放した。海部は、金丸信に電話したが、「解散はダメだ」の一言で、衆院解散・総選挙の夢は潰《つい》え、彼は総辞職の道を選ばざるを得なかった。

このとき、坂本の存在感は、薄かった。もし、心底、海部と心中しようとしていたら、派閥のオーナーである河本とともに、衆院解散の段取りをもっと強力にやっていたのではなかったか。やはり最後の最後に、首相と長官の距離感が出たような気がしたのを、昨日のことのように覚えている。

坂本三十次（さかもと・みそじ）大正十二（一九二三）年、石川県生まれ。東北帝国大卒。石川県教育委員などを経て、衆院石川二区から無所属で立候補するも、二度続けて苦杯をなめた。ようやく昭和四十二（一九六七）年の衆院選で、初当選。以後、連続当選十一回。中曽根内閣で労相として初入閣。平成十二（二〇〇〇）年政界引退。平成十八（二〇〇六）年死去。

評価：★★☆☆☆

プリンスメロンのように甘かった

加藤紘一

宮澤内閣、
平成3（1991）年11月5日〜平成4（1992）年12月12日

宏池会のプリンスが世を去ってもう五年の歳月が過ぎた。

永田町に旋風を巻き起こしたＹＫＫ（加藤のほか山崎拓、小泉純一郎）の三人もすべて国会議事堂を去った。まさに往時茫々《ぼうぼう》である。

それでも加藤がどのようにして出世の階段を上り、頂点の手前で高転びに転んだのかを知ることは、政治を志すものだけでなく、サラリーマンにとってもいささか役立つはずである。

加藤の全盛期は、宮沢喜一政権で、官房長官に就任した平成三（一九九一）年から「加藤の乱」が鎮圧されるまでの非自民政権時代を除く八年ほどだ。

このころ、加藤の存在はまぶしかった。番記者たちを引き連れて国会の赤絨毯《じゅうたん》を歩く姿は、いずれ総理総裁まで上り詰めるだろうと、他派閥担当の記者でさえ、そう感じさせるオーラを発していた。

竹下登、金丸信、小沢一郎らが幹部の経世会全盛の海部俊樹政権時代に、経世会主流派に対抗するため、盟友の山崎と相談して清和会の小泉を引き入れ、ＹＫＫ（一時は中村喜四郎を含めてＮＹＫＫと呼ばれていた）を結成したのは慧眼だった。

当時の自民党は、派閥全盛の縦割り社会で、しかも「経世会にあらずんば人にあらず」の一強時代。他派閥は、小沢一郎ら経世会の顔色をうかがうばかり。そんな状況を打ち破るべく派閥を横断した個人のつながりで揺さぶりをかけたのだから面白い。

結局、ＹＫＫの働きもあって経世会傀儡政権といわれた海部政権は総辞職を余儀なくされ、平成三（一九九一）年十一月、宮沢政権が誕生する。

その功績が評価され、官房長官に抜擢されたのだが、なってからは苦労の連続だった。お公家集団と揶揄された宏池会は、国会対策が不得手中の不得手で、政権発足早々、国連平和維持活動（ＰＫＯ）協力法案が不成立に終わるなど国会運営で行き詰まったのだ。

思いあまった加藤は、明くる平成四年一月十二日午前七時、茨城県常陸太田市の梶山静六邸を「朝駆け」した。この日は日曜日で、加藤は前日、常陸太田に近い水戸市に泊まっている（「梶山静六　死に顔に笑みをたたえて」田崎史郎、講談社）。

「朝駆け」とは、記者が、政治家や取材対象者が出勤する前に自宅や議員宿舎を訪ねて取材することで、夜に私邸を訪ねる「夜討ち」よりも骨が折れる。たいがいの記者は、夜遅くまで働き（といっても酒を飲んでいる時間の方が長いのだが）、早朝に起きるのがつらいためだが、有力政治家がアポなしで、しかも地元に帰っている政治家を「朝駆け」するのは極めて珍しい。

このとき梶山は、国対委員長時代の前年、政治改革関連法案を廃案にした責任をとってすべての役職を辞退していた。

加藤は、通常国会を前に、梶山の国対委員長復帰を要請するためにわざわざ茨城に足を運んだわけだが、これが功を奏し、五日後に梶山は国対委員長就任を受諾した。

梶山国対は、宏池会幹部で元北海道・沖縄開発庁長官の阿部文男が逮捕された共和汚職事件が明るみに出て、野党が攻勢を強めた中、通常国会を乗り切った。

しかも六月には、懸案だったＰＫＯ協力法案を社会党などによる「牛歩戦術」という強力な抵抗を押し切って成立させた。

戦後史を画したＰＫＯ協力法の成立は、梶山の功績大だが、梶山を国対の現場に戻した加藤の「三顧の礼」がなかったらあり得なかった。

だが、その年の暮れの内閣改造で、宮沢は加藤を再任せず、ライバルの河野洋平を官房長官に起用した。

宮沢は生涯、ソリがあわなかった大蔵省の先輩でもある大平正芳に近かった加藤に全幅の信頼を置いていたとは言い難く、どちらかといえば、河野の方を買っていた。

組織のトップとしては、ナンバーツーを競わせた方が、何かと好都合だったのも大きな理由だったろう。

だが、河野の起用は失敗だった。

政局の勘所をはずしてばかりの河野では、経世会内部の激しい権力闘争に拱手傍観するしかすべはなかった。

幹事長に梶山を起用するのなら相棒の官房長官は相性の良い加藤を留任させる、というのが当時の永田町の常識だったが、宮沢は河野に輪をかけて政局観がなかった。好き嫌いで人事を決断してしまったのである。

翌年に内閣不信任案が可決されて衆院選に敗北、自民党が下野したのも、このときの人事の失敗が大きく影響したと断言できる。

自民党下野後、ライバルの河野が自民党総裁になり、一頓挫をきたした加藤だったが、復活の機会は意外に早くやってきた。

河野が再選をかけた平成七（一九九五）年の自民党総裁選で、河野の対抗馬である橋本龍太郎支持にいちはやく回り、河野を出馬断念に追い込んだ。

論功行賞で幹事長ポストを手中にした加藤は、幹事長代理・野中広務の助けもあってさらに力をつけていった。

何しろ第一次橋本内閣の閣僚名簿は、加藤と野中が原案をつくり、首相の橋本は、防衛庁長官と科学技術庁長官とを入れ替えたぐらいだったというから驚きである。

官房長官にうるさ型の梶山を据えたのも加藤、野中コンビの発想だった。

加藤が最も総理の座に近づいたのは、平成十二（二〇〇〇）年の「加藤の乱」だった。乱の淵源は、前年の自民党総裁選にあった。このとき、無投票での再選を目指していた小渕に対し、宏池会会長になったばかりの加藤と盟友の山崎は、勝敗を度外視して立候補した。

「次の次」への布石であったのだが、小渕は激怒した。

小渕は、「派閥の枠を超えて加藤を幹事長にしたのは、小渕派会長の俺だ」という思いがあり（事実は、橋本が既に依頼していた）、飼い犬に手をかまれた、と感じたのだろう。

執念深い小渕は、宏池会と山崎派を人事で徹底的に干した。

小渕は、小沢一郎との会談直後に倒れるのだが、官房長官だった青木幹雄ら「五人組」は、加藤、山崎抜きで後継を森喜朗に決め、森政権でも冷や飯の構図は変わらなかった。

首相になった森は、「神の国」発言や不祥事が相次いだこともあって支持率が低迷。「このままでは来年の参院選で自民党は惨敗し、国民に見放される」と危機感を強めた加藤は、「森倒閣」を決意する。

彼の決意が公になるのは、読売新聞のドン、渡辺恒雄が実質的に主宰していた「山里会」（ホテルオークラの日本料理屋「山里」が会場だったため命名されたベテラン政治記者と政治家との懇談会）でのこと。

次の内閣改造が話題となり、加藤は高揚した面持ちで「森首相に改造はやらせない」と言い放ったという。この情報はまたたく間に永田町を駆け巡り、野党は勢いづいて内閣不信任案提出を決める。

当時の議席は、与党が過半数を三十一人上回っていたが、宏池会と山崎派が賛成すれば、悠々と可決される状況だった。

加藤は、当時流行っていた「2ちゃんねる」など黎明期のネットメディアに寄せられた意見のほとんどが、「加藤支持」で、そのひとつひとつを、読んでいたという。

このときYKKの一人、小泉は加藤と行動をともにせず、清和会出身の森を守り抜くと宣言、鎮圧側にまわった。

小泉が、「加藤の乱」終結後、「YKKは友情と打算の二重構造」と喝破したのは含蓄深い。

幹事長だった野中広務は、当初は加藤と話し合う姿勢をみせたが、「不信任案に賛成すればただちに除名する」と通告し、宏池会メンバー一人ひとりを説得、切り崩していった。

結局、宏池会の前会長、宮沢も側近だった古賀誠ら幹部も次々と離反し、遂には欠席戦術にトーンダウンした。

不信任案が採決される直前、宏池会と山崎派の合同総会がホテルオークラで開かれ、加藤が、山崎と二人だけで本会議場に赴き、賛成票を投じると涙ながらに発言すると、谷垣禎一が「加藤先生は大将なんだから。一人で突撃なんてダメですよ！」と泣いて止めたのは、平成政治史のハイライトだ。

この後、本会議場では、反対討論に立った松浪健四郎がコップの水を野党席の方へぶっかけたことから休憩に入り、加藤と山崎は報道陣をまいてオークラから国会へ向かった。

ところが、野中の方が一枚上だった。

野中は、二人を乗せたハイヤーが国会に向かったとの情報を瞬時につかみ、議事堂の入り口で仁王立ちして待ち構えていたのである。

野中が、幹事長代理として加藤に仕えていたのは前述した通り。

野中は悲壮な面持ちの加藤に「採決に出席したら自分が処分しなければいけなくなる。それだけは勘弁してくれ」とかき口説き、加藤はやむなくホテルに引き返したという。

二人はさらにもう一度、国会へと向かうが、やはり野中に説得された。

このとき、記者たちは国会内とホテルに蝟集《いしゅう》していたが、誰一人としてこのドラマを目撃していない。だから二人は、車で国会議事堂前までやってきたものの、「拓さん、やっぱり戻ろう」と加藤がつぶやき、自発的にホテルに戻ったことになっていた。

野中が亡くなってから山崎が「真相」を明かし、「そうだったのか」となった。

土壇場での野中の強さと加藤の脆さを象徴するシーンではあるが、野中は回顧録に「加藤は来た。けれども、官邸の上り口のところで、車はまた引き返した、ということが（情報として）入ってきた」としか書いていない。

政治家の回顧録は、重要な一次資料ではあるが、書かなかったことに目をこらすのもまた一興である。

遂にプリンスは、キングの王冠をかぶることなく世を去った。

ＹＫＫの三人のうちで総理の座を射止めたのは、最も頭が良く、人柄もまずまずで、宏池会という名門派閥を継承した加藤ではなく、エキセントリックで、酒の席ではもっぱら猥談しかせず、派閥のドンになったことのない（形の上では一年間、清和会の会長を務めたが、森が首相の間の留守居役に過ぎなかった）小泉ただ一人。

しかも五年も政権を維持したのだから不思議なものである。まさに、人生いろいろである。ただ、日本国としては、加藤が宰相にならなくて幸いだった。

学生時代、六〇年安保闘争のデモ隊に加わり、朝日新聞の入社試験を受けて合格したことでもわかるように、リベラル気取りの甘さが生涯、ついてまわった。

「歴史認識」にも大いに問題があった。河野ほどではなかったにせよ、慰安婦問題で韓国に対して毅然とした対応ができず、中国共産党への対応ぶりもプリンスメロンのごとく甘かった。

何よりも一度決断したことを実現できなかったのは「大将」たる資格はない。

「綸言汗《りんげんあせ》のごとし」は政治の世界でもサラリーマンの世界でも同じなのである。

評価：★★☆☆☆

加藤紘一（かとう・こういち）昭和十四（一九三九）年、名古屋市生まれ。平成二十八（二〇一六）年死去。東京大学法学部卒。昭和三十九（一九六四）年、外務省入省。衆院議員だった父・精三が死去したため昭和四十七（一九七二）年、山形二区から自民党公認で出馬し、当選。中曽根内閣で防衛庁長官として初入閣。宮沢内閣で官房長官、橋本政権で自民党幹事長など要職を歴任。平成十（一九九八）年、宏池会会長となるも、二年後の「加藤の乱」で宏池会分裂。平成二十（二〇〇八）年、日中友好協会会長に就任。

最低・最悪の官房長官

河野洋平

宮澤改造内閣、
平成4（1992）年12月12日～平成5（1993）年8月9日

衆院議長、自民党総裁、外務大臣、官房長官と総理大臣以外の要職を数多く務めながら、これといった実績のない、というより日本国と国民に甚大な害悪を与え、迷惑をかけた政治家は、ほかにいない。

評価は当然、零点である（本当はマイナス百点にしたいくらいだ）。

自分の事は棚に上げ、他人の非をあげつらい、こっぴどくこき下ろす記事を書くのを生業とする新聞記者という仕事は、どの職業よりも因果な商売である。

それでも三十人の現役を含む平成から令和までの官房長官を俎上《そじょう》に載せたこの本を書くにあたっては、悪名高い政治家でもどこか美点があるのではないか、と回顧録や評伝の類い、古い新聞記事のスクラップなどを読み直したのだが、河野洋平という人物だけは、そういった美点や「いい仕事」を一つも見つけられなかった。

中曽根康弘は、数々の名言を遺しているが、「政治家は歴史法廷の被告である」は、中でも最も味わい深い。

政治家や官僚は、性格に多少の難があっても、その仕事による成果によって評価すべきだと考えている。

河野が官房長官に起用されたのは、首相の宮沢喜一が前任者の加藤紘一を後継者にしたくなかったから、というのは既に書いたが、官房長官・河野洋平は、金丸信が失脚した東京佐川急便事件と政治改革を舞台回しにした元幹事長小沢一郎と現幹事長梶山静六の戦いを軸とした「経世会の死闘」に為す術もなかった。

政局観がないといえば、自民党総裁時代、村山改造内閣の人事で、細川政権を崩壊させ、自社さ連立政権樹立に最も貢献した野中広務、亀井静香の再任を村山に要請されながら断ったのもそう。

彼らを留任させ、味方につけておきさえすれば、ほどなく橋本政権ではなく、河野政権ができていたはずだが、彼の政局観のなさを神に感謝せねばなるまい。

話が横道にそれた。

天下分け目の政局で何もできず、選挙にも負けて下野せざるを得なくなったら、引き継ぎだけしっかりやって、他は何もしないことに徹していれば、まだましだったのだが、小人閑居《かんきょ》して不善を為す。

何とかして宮沢政権のレガシー（遺産）、というよりも自分が官房長官であったことの足跡を遺そうとして、とんでもない負の遺産を日韓両国民に遺した。

慰安婦問題に関する「河野談話」を非自民の細川護熙内閣が発足するわずか五日前の平成五（一九九三）年八月四日に発表したのである。

「河野談話」は、「従軍慰安婦」という朝日新聞など左翼陣営が使用していた用語を使い（従軍した慰安婦はいない。従軍看護婦を連想させる悪質なイメージ操作で日本政府は現在、この用語を使っていない）、それまで政府が認めていなかった慰安婦の強制性を「総じて本人の意志に反して行われた」「募集・移送・管理等の過程全体としてみれば甘言・強圧という方法により強制があった」などという表現で認め、謝罪した。

ところが、「河野談話」は「強制性」の裏付けとなる資料が著しく欠けていたのである。というより、発見されなかった。

主な根拠は、七月二十六日から三十日までに行われた元慰安婦十六人の証言だけだった。

七月二十六日といえば、衆院選で自民党が敗北し、宮沢が退陣を表明してから四日も経っている。

それだけではない。元慰安婦の証言自体、信憑性に乏しいことが、後の産経新聞などの報道で明らかになっている。

にもかかわらず、証言の裏付け調査をまったくせず、ヒアリングが終了してから五日後に韓国政府とすりあわせした上、談話を発表している。

政府が作成する文書としてはあり得ない「結論ありき」の杜撰《ずさん》極まりないシロモノである。

政権交代のドサクサに紛れ、自らの誤った歴史認識に基づく「正義感」を満たすためだけに作成された「河野談話」によって、日韓関係は三十年近くを経た現在にいたるまでギクシャクし続けている。

「河野談話」は、極めて悪質な政治的「テロ」といっても過言ではない。

これこそ平成史上、最悪の失政である。

今なお本人に失政の自覚も反省のかけらもないのだから開いた口がふさがらないが。

反省していない証拠をあげよう。

令和三（二〇二一）年七月の中国共産党百周年記念式典を前に、河野は次のような祝電を送っている。

「中国共産党は、団結して中国人民を指導し、完全な社会主義制度を打ち建て、目を見張る成果をあげた。中国共産党が中国の発展をさらに大きく推進し、世界の平和と発展を守るためにさらなる貢献を果たすことを期待している」（原文は中国共産党新聞網掲載の中国語）

香港やウイグルでの出来事をまったく無視した、見事なまでの中国共産党賛美である。このような人物が、村山政権や小渕、森政権で外務大臣をやっていたのだから、この頃の外交は失敗だらけだった。

象徴的な出来事がある。

村山政権下、大阪で開かれたAPEC首脳会議に同盟国である米国のクリントンがやってこなかったのだ。

表向きの理由は、議会対策だったが、真に受けた記者は誰もいなかった。この頃、日米関係は、貿易摩擦問題という懸案があったにせよ、今では信じられないほどギクシャクしていた。

むろん、村山が社会党出身の首相であることが大きかったが、米国は外相の河野も信頼していなかったのだ。

河野は、北朝鮮による拉致事件にも冷淡な対応に終始した。

拉致事件について政府は、昭和六十三（一九八八）年三月、国家公安委員長だった梶山静六が国会答弁で、初めてその存在を認め、真相究明に着手した。

ところが、平成に入ってすぐの海部政権時代、社会党の田辺誠が自民党のドン、金丸信を担ぎ出して北朝鮮を訪問した。自民党内では、日朝国交正常化熱がにわかに高まり、拉致事件は片隅に追いやられた。

続く宮沢政権でも同じだった。

河野自身、官房長官時代はもちろん、外相になってからも拉致事件に積極的に取り組まなかった。

それどころか、平成十二（二〇〇〇）年には、国連からの要請をはるかに上回る五十万トンものコメを拉致被害者家族らの強い反対を押し切って北朝鮮に送っている。

拉致事件が動き出したのは、河野が外相を退いてからなのは言うまでもない。

長男、太郎は祖父も父も到達できなかった総理大臣の椅子に座るべく自民党総裁選に挑戦したが、「洋平の息子」であるという一点で、自民党保守派の支持がいまひとつ広がらず、苦杯をなめた。

「親の因果が子に報い」という昔懐かしい見世物小屋の口上のようにならねばいいのにねぇ、というのは余計なお世話だが。

自民党総裁選で、洋平はかつての参院自民党のドン、青木幹雄を事務所に訪ね、「息子をよろしく」と頭を下げた。だが、議員票では高市早苗にも抜かれた。親子三代の夢の実現は、太郎が親離れできるかどうかにかかっている。

評価：ゼロ

河野洋平（こうの・ようへい）昭和十二（一九三七）年、神奈川県生まれ。早稲田大学政治経済学部経済学科卒。丸紅飯田社員を経て、父・一郎の死去を受けて昭和四十二（一九六七）年、衆院旧神奈川五区から立候補し、当選。新自由クラブ代表、科学技術庁長官などを歴任した後、宮沢政権で官房長官を務めた。自民党下野時に自民党総裁、村山政権で副総理兼外相を、平成十五（二〇〇三）年から衆院議長を務める。平成二十一（二〇〇九）年、政界引退。

第三章

合従連衡に翻弄された男たち

村山富市内閣

平成の花神か君側の奸か

武村正義

細川内閣、
平成５（１９９３）年８月９日〜平成６（１９９４）年４月28日

一人の男がいる。歴史が彼を必要としたとき忽然《こつぜん》と現れ、その使命が終わると大急ぎで去った。

日本陸軍の父と呼ばれ、靖国神社に銅像が鎮座している大村益次郎を主人公としたNHK大河ドラマ「花神」（昭和五十二年放送）で冒頭流れたナレーションは、今でも覚えている（昭和四十年代から平成の初めまでが大河ドラマの最盛期だったと私は感じているが、中でも中村梅之助が主演を務めた「花神」は、出色の出来だった）。ちなみに花神とは、野山に花を咲かせる中国の神で、日本で言えば花咲かじいさんのような存在だという。

歴史の転換点には、大村益次郎のような「花神」が往々にして現れるが、平成の「花神」が、武村正義だったといえば、益次郎に悪いか。

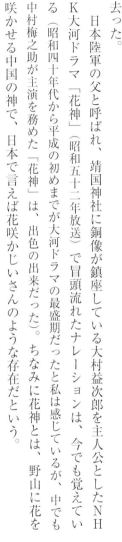

もし彼がいなかったならば、非自民の細川護熙政権は出来なかったのは確かで、水と油だった自民党と社会党が野合した村山富市政権も三日と持たなかっただろう。

平成五（一九九三）年夏に起きた自民党下野という戦後政治の大転換は、政界のドンだった金丸信逮捕とそれに続く自民党最大派閥だった竹下派の分裂だけでは、起きなかったはずだ。派閥抗争に敗れた小沢一郎は、盟友の羽田孜らと竹下派を飛び出して新グループを結成し、宿敵・梶山静六が幹事長を務める宮沢政権打倒に動き出したが、野党が提出した内閣不信任案に賛成した直後でさえ、「自民党離党」→「新党結成」までは腹を固めきれていなかった。内閣不信任案可決で、宮沢政権を総辞職に追い込み、「政治改革政権」樹立を大義名分として、小沢らは自民党に残って後藤田正晴を担ぎ出し、一部野党の協力も得て再び政権の主導権を握ろうとしていたのだ。

ところが、小沢の機先を制するかの如く、不信任案に反対票を投じた武村、鳩山由紀夫ら十人の若手議員が突如として離党し、新党さきがけを結成したのである。

これには政治記者のほとんどすべてがひっくり返った。脱藩者たちの口が固かったばかりでなく、生きるか死ぬかの闘争を繰り広げている小沢と梶山、派手に政治改革運動を繰り広げていた石破茂ら改革派議員、優柔不断な首相の宮沢喜一やそれを支えていた官房長官の河野洋平らの動きを追うのに手一杯で、当時は影響力に乏しく地味だった「ユートピア議員」（武村は一年生議員時代、鳩山らとユートピア政治研究会を結成、カネのかからない政治を訴えてベテラン議員や記者からこう揶揄されていた）たちを相手にしていなかったのである。

ひっくり返ったのは、記者ばかりではない。小沢にとっても寝耳に水で、内閣不信任案に反対した議員が離党し、賛成した議員が自民党に残るのでは、有権者に示しがつかない。しかも宮沢は衆院解散に踏み切り、選挙はすぐとあって一気に離党、新生党結党となった。

七月十八日投開票の総選挙を受け、小沢は大躍進した日本新党党首の細川護熙を担ぐことになるのだが、小沢より前によしみを通じていたのが、武村だった。武村は結党から衆院選公示までの短い間に細川と話を付け、日本新党と選挙公約を統一し、互いに候補を推薦し合う友党関係を築いていたのだ。

政界引退後、世に出た『聞き書　武村正義回顧録』（岩波書店）によると、小沢が細川に首相就任を打診したのは総選挙が終わって三日後の朝。このとき、細川が真っ先に相談したのが、武村だった。武村は謀略ではないかと訝《いぶか》り、小沢と直接会って「小沢さん、これは一週間のあいだ、なかったことにして、一週間後に細川さんと会いましょう」と提案した。首相指名選挙まで、かなり間があり、早い段階で詳報が漏れれば、細川首班構想は、つぶされると判断したからだ。小沢も了承し、完璧に秘密保全がされた一週間後の三者会談で「細川政権」誕生はほぼ決まった。

当時、そんな秘密会談が行われていたとは露知らぬ記者たち（もちろん、私も含めて）は、これまた本当は何が水面下で起こっているか知らない議員たちが勝手にしゃべる「新生党党首の羽田孜が首相になるだろう」「最後の最後で自民党はさきがけと組むのではないか」といった揣《し》摩《ま》臆《おく》測《そく》を聞いては、書き飛ばしていた。当事者の三人が沈黙を守っていたのだから仕方がない、と言ってしまえばそれまでだが、三十年経っても顔から火が出るほど恥ずかしい。

あくまでも数字上の話だが、総選挙の結果、自民党は単独過半数は失ったものの二百二十三議席を確保。第二党の社会党（七十議席）を大きく上回っており、多数派工作がうまく行ったのなら政権を維持できた。従来の自民党なら必死で多数派工作をしただろうが、党三役を務めていた実力者の梶山、佐藤孝行らが「自民敗北」にうちひしがれ、「不戦敗」状態にあり、宮沢の後継総裁となった河野洋平や幹事長の森喜朗らが巻き返したものの後の祭りだった。

武村は時代の風に乗ったのだ。だが、彼が権力の中枢にいたのは、このときから村山首相が官邸を去る平成八（一九九六）年一月までの二年半足らずでしかなく、村山退陣から四年後の総選挙で敗れ、政界を引退した。心筋梗塞を患ったとはいえ、このときまだ六十六歳。たいていの政治家は、もう一花咲かせたい、と無理するところだろうが、そうしなかったのが彼らしい。政界に彼の居場所はもうない、と悟ったのだろう。

官房長官時代の彼は、政策・政局の両面で小沢一郎とことごとく対立した、という印象しか残っていない。平成五年の暮れに小沢は「官房長官を切れ」と細川に迫り、しばらく雲隠れしたほど。このころ小沢側近は、「武村は総理の座を狙っている君側の奸《かん》だ」と口を極めて罵っていた。

武村と北朝鮮の関係も週刊誌を賑わし、国会でもとりあげられた。滋賀県知事時代を含めて五度訪朝し、大津市にあった事務所が朝鮮総連系パチンコ屋の敷地にあったことも〝疑惑〟を増幅させた。核開発をめぐって米朝関係が一触即発だったこともあって「クリントン（米大統領）が首脳会談で、武村を切れと細川に迫った」という怪情報が永田町を駆け巡った。

結局、細川は小沢についた。翌年二月の悪名高い「国民福祉税構想」の発表をめぐっては、官房長官抜きで小沢と大蔵省が大方針と細部を決め、細川が追認して夜中に記者会見するという異常事態となった。

そんな政権が長続きするはずもなく、細川政権はたった八カ月で瓦解した。

村山富市を自民党と担いで発足した自社さ政権では、蔵相として重要な役割を果たしたが、足もとがぐらつき始めていた。

同期生としてユートピア議員連盟を立ち上げ、ともに自民党を離党し、さきがけを結成した（しかも多額の政治資金を用意した）同志であるはずの鳩山由紀夫を軽く扱いすぎたのだ。

鳩山は細川政権で官房長官直系の部下である官房副長官に任じられたが、武村は政局の重要な局面になると、さきがけ代表代行の田中秀征《しゅうせい》と代表幹事の園田博之としか相談せず、疎外感を味わった。事実、鳩山副長官に夜回りに行ってもほとんど収穫がなく、記者たちの足も遠のいていった。官房副長官退任後、北海道知事選に出馬しようとして武村らに止められたのも気にくわなかった。

しかも村山政権になっても大臣ポストを彼に回さなかったのが、亀裂を決定的にした。鳩山は、村山退陣後の橋本龍太郎政権にも協力するさきがけにとっとと見切りを付け、新党結成に動いた。フジテレビの「報道２００１」で、彼は「武村さんにはご遠慮願いたい」と言い放ち、元祖「排除の論理」で旧民主党を立ち上げた。「友愛」とはほど遠い行動であるのは確かだが、次の衆院選で民主党は躍進し、さきがけ所属の多くの議員は苦杯をなめた。このとき武村は当選したが、さきがけは影響力を急速に失い、自身も次の選挙で落選する。

もし鳩山とけんか別れしていなかったら、もう一度再起を期そうとしただろうし、後に鳩山がさきがけと不倶戴天の敵だった小沢と組んで成立した民主党政権もあのような無様な形で崩壊しなかったはずだが、政治とはそんなもの。とかく人間関係は難しい。特に嫉妬と怨念の渦巻く永田町では。

評価：★★☆☆☆

武村正義（たけむら・まさよし）昭和九（一九三四）年滋賀県生まれ。東京大学経済学部卒。二十七歳で自治省入省。八日市市長を経て昭和四十九（一九七四）年、滋賀県知事選に野党や労組の支援を受けて立候補し、当選。三期務めた後、昭和六十一（一九八六）年の衆院選に滋賀全県区から立候補し、当選。自民党安倍（晋太郎）派に入会。平成五（一九九三）年、自民党を離党し、新党さきがけを結成。細川政権で官房長官、村山政権で財務相を務める。平成十二（二〇〇〇）年の衆院選で敗れ、政界引退。

小沢側近からアンチ小沢へ

熊谷弘

羽田内閣、
平成6（1994）年4月28日～平成6（1994）年6月30日

小沢一郎という政治家を一言で言い表すなら、「味方が敵になる男」である。
竹下内閣で官房副長官に起用されて以来、メキメキ頭角を現した彼は、シンパが多い半面、敵も多かった。しかも熱烈なシンパ、あるいは側近と称した議員ほど、熱が冷めると激烈な「アンチ小沢」派になった。それも一人や二人ではない。
政治改革をめぐって竹下派をともに飛び出し、盟友と呼ばれた羽田孜が、羽田内閣が終焉すると早々に愛想を尽かして小沢が主導して結成した新進党を離れ、新党を結成したのをはじめ、中西啓介、二階俊博、藤井裕久、階《しな》猛、黄川田徹ら離反した「元側近」は枚挙にいとまがない。
政界だけではない。かつて小沢番記者として彼を崇めんばかりに接していたスシロー者として確固たる地位を築いた。

文藝春秋に「小沢一郎との訣別」（平成六年十月号）を書いて話題を呼び、アンチ小沢派記（先輩スミマセン）こと、元時事通信解説委員長の田崎史郎は、小沢から関係を切られた後、

その典型例が、熊谷弘だ。

通産省出身の彼は、官僚らしからぬ口は悪いが、腕の立つタイプ。

竹下派分裂のときは、小沢側近として新派閥「改革フォーラム21」の実務を口八丁手八丁で仕切っていた。

宮沢内閣に対する不信任案に賛成し、新生党を結成したときも小沢に代わって自民党を離党するかどうかで悩み、動揺する中堅・若手議員を脅しすかししてまとめた。

そういった忠勤を認められ、非自民の細川護熙政権が発足しようとしたとき、小沢は官房長官に熊谷をねじこもうとしたが、細川が武村正義を推し、実現しなかった。

古巣のトップである通産相に起用された熊谷は、さっそく次官候補だった産業政策局長を「情実人事を主導した」として更迭するなど、小沢流の「政治主導」を印象づけようとした。

経産省の若手官僚からは「小沢の威を借る狐ならぬ熊」と蛇蝎《だかつ》の如く嫌われていた。

細川政権は平成六（一九九四）年四月、唐突に終焉を迎え、羽田政権が誕生、熊谷は官

房長官に抜擢された。

皮肉なもので、ここから熊谷と小沢の関係が悪化する。

羽田政権を守る立場の官房長官として、小沢が強引に推し進めていた非自民勢力の統一会派づくりに反発し、閣外に去った社会党を政権に引き戻そうと躍起になっていた彼からの電話に小沢は出なくなったのだ。

小沢から離反した元側近に共通するパターンである。ある日突然、小沢からの連絡が途絶え、電話をかけても出ない。

風の便りに「小沢は○○に腹を立てている」という噂が聞こえてきても、思い当たる節がない。しかも本人に弁明する機会すら与えられない。既に新たな「側近」が現れて、挨拶すら認めないのだ。もっとひどい時には、どこかへ雲隠れしてしまう。

ますます疑心暗鬼になって、忠誠心が憎悪に変わる、というわけだ。

熊谷は、後にこう語っている。

「小沢さん、羽田さんを指導者に仰ごうとみんなを説得して自民党を離党した。しかしその命をかけた人たちを石ころみたいに扱われたら間に入っていた我々なんて大変ですよ。彼らの迷いをどこかでぶつけないといけないと行くと、小沢さんの性格からすると会わない。顔も見たくない、電話も出ないと」（日経新聞電子版「証言　いま振り返る」、平成二十

二年九月十六日付）

決定的だったのは、羽田内閣が総辞職した後、首相指名選挙で小沢が、独断で自民党の元首相、海部俊樹を担いだことだった。

内閣のナンバーツー、しかも側近だと信じ込んでいた自分に、何のことわりも説明もなく、政界再編にかかわる重大な決断を下した小沢から心が離れたのは至極、当然の成り行きだ。

新生党はほどなく解党し、社会党やさきがけを除いた非自民勢力を糾合した新進党が誕生した。熊谷も参加はしたものの、もはや心ここにあらず。

自民党の野中広務らが急接近してきたのと軌を一にするように新進党内で「反小沢」の急先鋒となった。

このころ「熊さんの日本世直し論　沈没する日本丸を救うには、この手しかない」（ごま書房）を上梓したが、「小沢一郎」のオの字も載っていなかった（内容は、タイトル通り政策の話ばかりで、政局の裏話や生臭い話が一切なかったのも当時、記者たちの一部で話題になったが）。

橋本龍太郎政権下の平成八（一九九六）年の総選挙では、新進党候補として勝ち抜いたが、直後の特別国会で実施された首相指名選挙で党首だった小沢一郎の名を書かずに離党した。

「小沢一郎との闘争を続ける」との名文句を残して。

官房長官時代の事績は、在任期間が短すぎ、政争に明け暮れていたため、評価不能といわざるをえない。

評価：不能

熊谷弘（くまがい・ひろし）昭和十五（一九四〇）年、静岡県生まれ。一橋大学社会学部卒。通商産業省入省。昭和五十二（一九七七）年、参院静岡選挙区から自民党公認で出馬し、当選。昭和五十八（一九八三）年に実施された総選挙で、衆院静岡三区に鞍替えし、当選。平成五（一九九三）年、宮沢内閣不信任案に賛成して、自民党を離党、新生党結党に参加。細川内閣で通産相に起用された。新進党を離党した後、平成十四(二〇〇二)年、保守新党代表。翌年の衆院選で落選し、政界引退。

阪神大震災がなかったら……

五十嵐広三

村山内閣、
平成6(1994)年6月30日~平成7(1995)年8月8日

政界一寸先は闇、とは寝業師と呼ばれ、自民党副総裁まで務めた川島正次郎が遺した名言だが、平成六(一九九四)年六月、自民党と社会党、それにさきがけが連立した村山富市政権誕生劇ほど「一寸先は闇」を実感させられた例は、ほかにない。ほとんどの政治記者が、裏をかかれた。私自身、羽田孜政権の内紛、つまりは羽田孜と小沢一郎の衆院解散総選挙をめぐる主導権争いに目を奪われ、水面下で着々と進行していた社会党の村山委員長を首相に担ごうという「自社連立」構想にまったく気が付かなかった。

官房長官となる五十嵐でさえ、国会で村山が首班指名される前日、民放テレビに出演し、「自民党が政権に戻るのはまだ早い」と発言し、のちにこう述懐している。

「私自身は、直前になるまで、本当に自民党と社会党が連立を組むことになるとは予想しておりませんでした。その連立がなった六月二十九日当日ですら、夕方までは社会党内でも、羽田孜さんでやむなし、以前の組み合わせでもう一度やろうという考え方が大勢であった」（『官邸の螺旋階段～市民派官房長官奮闘記』五十嵐広三著、ぎょうせい）

流れを一気に変えたのが、小沢一郎による海部俊樹擁立劇と、中曽根康弘だった。

小沢一郎は、自民党の再分裂を図ろうと、盟友だったはずの羽田に衆院を解散させずに総辞職させ、自民党に残っていた元首相の海部を担ぎ出したのである。

ほぼ同時に水面下でうごめいていた「自社」連立構想が、突如として浮上し、自民党は首相指名選挙で史上初めて他党の党首、しかも社会党委員長に票を入れる方針を決めた。

「自社連立」に反発した中曽根は、緊急記者会見を開き、「社会党の委員長を首相候補に推すことは国益に反する」と言い切って海部に投票すると明言した。

「国益に反する」とまで言われた社会党は、怒り心頭で、「それなら村山で勝負しよう」となり、自民党の金丸信と親しかった田辺誠らは造反したものの、一気に自社連立に舵を切った。

策士策に溺れてしまったのである。というよりもバカにされた人間が、窮鼠《きゅうそ》猫をかむ反撃のすさまじさを知らなかったのだ。小沢は、五十五年体制と呼ばれ、長く自民党と馴れ合い政治をやってきた（表では反対、反対といいながら裏ではカネの力で黙認する）社会党を完全に見くびっていた。

新聞・テレビも社会党を見くびっていたのは同じ。主戦級の記者は当時の連立与党に振り向けられ、学生時代に社会党の支持協力団体だった「日本社会主義青年同盟」（社青同）のメンバーだった某国営放送の記者だけが、ほぼ正確に状況を把握していたが、傍流の悲しさで局内では誰も相手にしなかったという（何しろ当時は、どの社も小沢番記者が肩で風を切って歩いていた）。

そのせいもあって、村山政権が発足した翌日の新聞は、もともと社会党嫌いの産経新聞だけでなく、「野合いやハト派政権」（日本経済新聞）だの「水と油、よもやの同居」（朝日新聞）だのと厳しい見出しが並んだ。

発足当初の支持率も芳しくなく、社会党に甘い朝日新聞の実施した世論調査でさえ、不支持（四三％）が支持（三五％）を大きく上回った。

政権発足直後に開かれたナポリサミットでは、村山が公式晩さん会の席で腹痛を起こし、病院に運ばれるハプニングが起きた。「村山倒れる！」の一報がはいったのは、日本では土曜の朝で、五十嵐は高輪にあった衆院議員宿舎からタクシーに飛び乗って首相官邸に向かった。当然、護衛のＳＰも乗っておらず、危機管理上はほめられたものではなかったが、それほど緊迫していた。しばらくして「ただの食あたり」という情報が現地から入り、事なきを得たが、続いて正午前には「金日成主席死去」の一報が入った。

怪我の功名とはこのことで、五十嵐はただちに情報収集を命じ、官邸で官房副長官の石原信雄らと対応を協議し、サミットの現場であるナポリと連絡をとりあった。土曜日の午前中にもかかわらず、迅速な対応ができたのは、「村山倒れる！」の一報があったからこそで、何とも皮肉な話である。

低支持率とドタバタ劇で始まった村山政権の支持率がじわじわと上がったのは、村山本人の人柄もさることながら五十嵐が持つソフトイメージが大きく貢献したのは間違いない。

社会党議員といえば、労働運動に長年携わった泥くさいたたきあげか、委員長を務めた成田知巳のような机上の空論を理路整然と語る青白きインテリタイプかの両極端だったのだが、彼は違った。

それもそのはず。組合活動に熱心だったわけでも、東京大を卒業したわけでもなく、民芸品販売店の経営で成功し、三十七歳の若さ（当時の最年少記録）で旭川市長となった彼は、社会党では異質の存在だった。

市長時代には、車社会へのアンチテーゼとして全国初の歩行者天国を実現させ、今では大人気となった旭山動物園の開園に尽力するなどアイデア市長として名をはせた。

官房長官になってからは、激しい内部抗争によって非自民の細川政権があっけなく崩壊した反省を踏まえ、連立を組む自民党総裁の河野洋平、さきがけ代表の武村正義と常に連絡をとりあい、何事も低姿勢で臨んだ。

これが功を奏し、「半年も持つまい」との下馬評を覆し、村山政権は順調に年を越した。

あれが起きるまでは。

平成七（一九九五）年一月十七日午前五時四十六分に起きた阪神大震災が、「自社」連立という砂上の楼閣を突き崩した。

犠牲者数は六千四百三十四人を数えたが、自衛隊が姫路駐屯地から本格的な救援部隊を出発させたのは、地震発生から四時間以上経った午前十時過ぎ。それも二百十五人で、しかも大渋滞に巻き込まれ、救援活動を開始できたのは午後一時十分になってからだった。

いくら後で言い訳をしようとも、自衛隊の出動が大幅に遅れたのは、国と兵庫県、神戸市の対応に不備があったからだ。

ことに首相官邸の動きは鈍かった。

地震が発生してから十四分後、議員宿舎で午前六時のNHKニュースを見ていた五十嵐は、関西方面で大きな地震があったことを知る（このときはNTT回線が切れていたため神戸の震度はわからなかった)。

同じニュースを見ていた秘書官から「強い地震があったようです」との電話連絡があったが、正規の情報が国土庁防災局から首相や官房長官の秘書官に伝達されたのは、午前七時になってから。

このときも具体的な被害情報はもたらされず、午前七時半過ぎに非常災害対策本部の設置を指示したというが、実際に初会合が開かれたのは午前十一時半になってから。

発災からすでに六時間近くが経過していた。

この間、午前十時ごろに救援のため自衛隊が本格出動を始めるが、首相なり官房長官本人が、自衛隊に直接、指示した形跡はない。

発災から二日後の一月十九日、官房副長官の石原信雄が記者会見で「自衛隊をもっと早く派遣すべきだった」と、つい本音を語ったのも頷ける。

五十嵐は、前出の回顧録でこう釈明している。

「社会党内閣のために自衛隊の出動を躊躇したのではないか、というような中傷記事も見受けましたが、とんでもない話で、村山総理も私も、また官邸全体も、『できることは全部やり尽くせ』と総力をあげて取り組んだのです」(前掲書)

彼のために弁護すれば、彼や首相官邸が、救援活動をサボタージュしたわけではない。

しかし、地震に対応するための最初の臨時閣議が発生から四時間以上経過した午前十時で、非常災害対策本部の初会合を開いたのが午前十一時半では、とてもじゃないが言い訳などできるはずがない。遅すぎたのだ。

しかも、首相と官房長官に当初、救援に自衛隊を即座に投入する発想がなかったのは、当時、官邸記者クラブに出入りしていた私が、自信をもって証言できる。

付け加えるなら、閣議開催が遅れた原因の一つに社会党元委員長、山花貞夫らが社会党会派からの離脱届を一月十七日に提出しようとしていたことがある。結局、地震のため会派離脱届の提出は見送られたが、村山は心労のため眠られず、前夜は睡眠薬を服用した、との週刊誌報道もあった。

だからだろう。

五十嵐の回顧録には、地震発生から午前十時の臨時閣議開催まで、首相と官房長官の具体的やりとりは一切出てこない。

首相がいつものように朝早く起きていたなら、六時のＮＨＫニュースを見た首相から必ず何らかの指示があるはずだからである（高齢の首相は、いつも朝早く目が覚めていた）。救えたはずの命を救えなかった「不作為の罪」はあまりにも重い。

しかも回顧録にも心から反省している記述はなかった。

いかに、自社さ連立政権の円滑な運営で成果を上げたとはいえ、国民の生命財産を守るため最善を尽くしたとは言い難い。よって人柄は別として、評価は厳しいものとせざるを得ない。

評価：★☆☆☆☆

五十嵐広三（いがらし・こうぞう）大正十五（一九二六）年北海道旭川市生まれ。平成二十五（二〇一三）年没。旭川商業学校卒。終戦後、民芸品販売店を開き、旭川を中心に実業家として活躍。昭和三十八（一九六三）年、旭川市長に当選し、三期十二年務める。北海道知事選に二度出馬し、落選。昭和五十五（一九八〇）年の衆院選で北海道二区から社会党公認で出馬し、当選。細川護熙政権で建設相を務めた。平成八（一九九六）年に政界を引退した。

辞任を止められなかった大狸

野坂浩賢

村山改造内閣、
平成7（1995）年8月8日～平成8（1996）年1月11日

狐に狸、肉食獣に猛禽類と永田町は、さまざまな動物が群れ集っている「野生の楽園」だが、野坂浩賢《こうけん》は、社会党の大狸という愛称がぴったりの政治家だった。

平成六（一九九四）年、細川護熙政権がスキャンダルで瓦解し、続く羽田孜政権が誕生すると、突如として社会党やさきがけ抜きの統一会派構想が持ち上がり、寝耳に水だった社会党は連立政権から離脱した。

このとき羽田政権を新生党幹事長として支えていた小沢一郎が、社会党国対委員長であり、委員長・村山富市側近である野坂に慰留の電話をかけたが、時既に遅し。

野坂は吠えた。

「君らは何だ。話が違うじゃないか。二度、三度と同じことを繰り返し、首相指名選挙で

羽田と書かせた揚げ句に、闇討ちか」（『政権　変革への道』すずさわ書店）

その後、羽田政権とよりを戻すか、別の道を探るか（自社連立政権なんて想像もできなかった）、社会党が瀬戸際の判断を迫られていたときのこと。

各社の記者たちが、議員宿舎（だったと記憶するが、議員会館だったかもしれない）に野坂を訪ねると、社会党担当になりたてほやほやだった私にまで、ゆったりとした調子で「どうしたらええですかねぇ」と尋ねてくる（少し前に小沢を怒鳴りつけていたとは、当時まったく知らなかった）。

面食らいながらも、あぁでもない、こうでもないと調子に乗って話すと、ウンウンと頷きながら、次の記者にも同じように聞く。

一通り順番がめぐり、記者たちが「じゃあ、国対委員長はいったいどうするつもりなんですか」と迫ると、「皆さんの意見を参考にして委員長とよく相談します」でお開きに。

まんまと大狸に化かされたわけだが、なんとも憎めない存在だった。

野坂がいなかったら、社会党はその終焉期に村山という希有なキャラクターを持った総理大臣を出すことはなかっただろう。

当時の社会党は、野坂や山口鶴男といった国会対策の場を通じて自民党とのパイプを持つ「国対族」を中心に自社さ連立政権樹立をうかがい、書記長の久保亘や前委員長の山花貞夫らは、非自民政権への復帰を目指しており、党内は真二つの状態だった。

ことに野坂は、自民党で自社連立を画策していた亀井静香と細川内閣末期から何度も密会を重ねていた。

鳥取県議時代、鳥取県警警務部長だった亀井と反自衛隊基地闘争を通じて敵味方ながら誼《よしみ》を通じた仲になっていたのが活きたのだ。部落解放運動のからみから縁のあった野中広務とも頻繁に連絡をとった。

野坂は後に回顧録「政権　変革への道」で、このころのことを次のように書いている。

「たしかに私は、連立与党側との協議中にも自民党議員と水面下で会っているが、それは政策協議のためではない。国対委員長という役職上、他党から会いたいと言ってこられれば会うのが仕事だから会ったまでだ」

さすが大狸。回顧録でも真っ赤なウソ、いや巧妙な言い回しで「真相」を糊塗《こと》している。

謀議を巡らせていた亀井は近年、こう証言している。

「二人の間に政策協定はなかった。野坂と俺が合意すれば、それが政策になった」（「週刊現代」平成三十一年一月二十六日号）

確かに正式な「政策協議」ではなかったが、実質的な「政権協議」はしっかりしていたのだ。

会うのが仕事と言いつつ、新聞記者が夜回りを終えて引き揚げた後の草木も眠る丑三つ時にホテルの一室で、自社両党の幹部が会合を開くのは、ただ事ではない。

政治家の回顧録は、眉につばをつけて読まなければならない典型である。

自身も「国対族」である村山は、野坂らの動きを黙認し、逐一報告は受けていたが、自ら首相になる気は、さらさらなかった。というより「そんなにうまくいくもんかのぉう」と終始、懐疑的だったという。

そんな村山を「あんたしか総理になれるモンはおらん」と説得し、首相指名選挙直前になっても村山擁立をしぶる右派を両院議員総会で「社会党から首相を出すチャンスは今しかない」とかき口説いたのも彼だった。

圧巻は、第一回の首相指名選挙で、小沢が自民党から離党させて擁立した海部俊樹と差が開かず、決選投票となり、休憩時間が三十分とられたときだ。

第一回の投票で、村山は二十一票リードしたものの、社会党から海部に八票流れ、白票も十六票出た。

休憩中に開く代議士会が早く終わってしまえば、新生党の切り崩し部隊が、マンツーマンで社会党議員を説得するのは目に見えていた。

造反者がこれ以上、増えぬよう野坂は、代議士会で予定外の行動に出た。マイクを司会者からひったくるようにしてつかみ、本会議の開会を告げるベルが鳴るまで延々と演説し続けたのである。

「われわれは社会党員として今日までやってきて、そのお世話になった党が生き残る道は、党が推薦した総理を実現させるしかない！」

本人も後に自賛したように一世一代の名演技だった。決選投票は四十七票差で村山が勝ち、野坂の執念は実った。

村山は、野坂を官房長官に起用しようとするが、脳溢血の後遺症で右足が不自由なのを主な理由として「迷惑をかける」と断り、建設相となる。

そんな彼が、平成七（一九九五）年夏の参院選で社会党が敗れた後、発足した村山改造内閣ですんなり、官房長官を引き受けたのは「村山内閣の幕引きはワシがやらんといかんだろ」という使命感からだ。

それともう一つ。本人は語っていないが、阪神大震災が発生した直後の官邸対応に忸怩《じくじ》たるものがあったのではないか。

回顧録では、建設相としての震災への取り組みは詳述しているが、発生直後に村山とどんなやりとりをしたかは全く書いていない。

当時、社会党は分裂寸前であり、自分が官房長官として采配を振るっていたならば、という思いがあったとして不思議でない。

官房長官としての野坂は、阪神大震災やオウム真理教事件の処理で疲弊し、お膝元の社会党もガタガタの状態になった責任を痛感して「早く首相を辞めたい」の一点張りだった村山を一日でも長く延命させるのが、仕事の大半を占めた。

とりあえずは、十一月に大阪で開かれるＡＰＥＣ（アジア太平洋経済協力会議）首脳会議が終わるまで、となだめすかし、ＡＰＥＣが終わると、十二月十八日に「戦後五〇年を記念する集い」を急遽設定し、村山の緊張感が途切れぬよう日程を組んだ。

野坂としては、十二月十八日を越せば、すぐ来年度予算編成をせねばならず、予算編成をすれば予算成立まで政治的責任を負わねばならないという動機付けになり、通常国会が終了する翌年五月までは延命できると踏んだからだ。

ところが、十二月十八日の式典を終えると、村山は「年内に総辞職し、臨時国会を開いて首相指名選挙をしたい」と言い出すようになった。

野坂は「二十五日に予算案を閣議決定しても二十八日が御用納めなのだから無理だ」と説得し、村山も受け入れた。

これでやれやれ、と油断したところ、村山は暮れも押し詰まった二十九日、静養先の伊豆長岡温泉の「三養荘」に連立パートナーで蔵相の武村正義を呼び出し、辞意を伝えた。

武村は、大晦日に辞任したいという村山を懸命に説得したが、聞き入れられず、年明けの一月五日に辞任表明を延ばすことのみ承諾させた。

伊豆長岡での密談は、野坂に一切、伝えられなかった。

親し過ぎる間柄だからこそ「真実」が言えないものだ。言えば必ず反対されるのは目に見えていたからで、村山は外堀をまず埋めたのだ。

明けて平成八（一九九六）年一月一日、首相官邸の庭で当時は恒例だった新年の官邸開きが開かれた。

このとき、村山は新年を言祝《ことほ》ぎにやってきた客たち一人ひとりと挨拶を交わし、にこやかに談笑した。私もその中の一人だったが、四日後に辞任表明するとはついぞ気付かなかった。野坂もその一人だった。

彼が村山の真意を知るのは、辞任発表の前日午後九時半だった。首相公邸に呼び出され、押っ取り刀で駆けつけると、武村と官房副長官の園田博之が沈痛な表情で既にソファに座っていた。

辞意を切り出した村山に野坂が食ってかかったのは言うまでもない。

二人のやりとりを、回顧録をもとに再現するとこうなる。

村山「もう疲れた。予算は三党連立内閣でつくったんだから乗り切れると思う。私はこの辺で辞任したい」

野坂「いや、それは了承できん。辞めるんなら住専問題（住宅ローン専門のノンバンク、住宅金融専門会社が多額の不良債権を抱えた問題）と沖縄の基地問題を解決してからじゃないか。それまでは続けるべきだ」

村山「あんたの言うことは正しいけれども、いったん決意すると、もう立ち上がる勇気がでんのじゃ。やっぱり政治は気力だ。気力が途切れるともう立てん。それにあんたが足を引きずりながら記者会見に臨む姿を見るのは痛々しくてもうたまらん」

野坂「足の痛い人間が、意を決して頑張っておるのに、なんだ、元気なくして。だいたい貴様つまらん。せっかく予算をつくったのだから、気力を絞って成立させるべきだ。予算を上げれば、それ以上、やれとは言わん」

四時間にわたる説得も村山を翻意させることは、遂にできなかった。

会談中、村山は自民党総裁の橋本龍太郎に電話をかけ、辞意を伝えた。これでゲームセット。翌日、村山は記者会見を開き、辞任を表明した。

野坂が危惧していた通り、村山が首相の座を退いてから社会党は急速に衰え、崩壊への道をまっしぐらに下っていった。

予算編成を主導し、成立させることが与党の力の源泉なのだが、そのアドバンテージを利用しようという活力が、既に社会党から消えていたのである。
生前の平成十一（一九九九）年、郷里の岸本町に彼の顕彰碑が立った。社会党出身閣僚の顕彰碑は極めて珍しい。揮毫《きごう》したのはもちろん、村山富市である。

評価：★★★☆☆

野坂浩賢（のさか・こうけん）大正十三（一九二四）年、鳥取県生まれ。法政大学専門部卒。日本通運入社後に労働運動に入り、鳥取県総評議長などを務める。昭和三十（一九五五）年鳥取県議初当選。昭和四十七（一九七二）年、衆院鳥取全県区から出馬し、当選。社会党国対委員長などをへて村山内閣で建設相として初入閣。平成十六（二〇〇四）年死去。

第四章

「経世会支配」が終わった日

第三次小泉純一郎内閣

「怒りん坊」が遺したDNA

梶山静六

第一次橋本内閣、平成8(1996)年1月11日〜平成8(1996)年11月7日。
第二次橋本内閣、平成8(1996)年11月7日〜平成9(1997)年9月11日

政治記者をダラダラと何年もやっていると、どうしても政治家のアラが、美点よりも先に見えてしまう。

初めて名刺交換したときの表情や人相で、「頭は切れるが、鼻っ柱が強すぎて人間関係で苦労するだろうな」「女難(男難)の相があるねぇ」「カネに汚そうだ」というのが、だいたいわかる(実例を挙げたいのはヤマヤマだが、差し障りがあるのでやめておく)。一種の職業病である。

それでも、ごくごく希に、この人に総理大臣をやってもらいたい、目指してもらいたい、と心底思う人物に出くわすこともある。

梶山静六は、そんな数少ない政治家の一人だった。

自民党副総裁を務めた実力者、金丸信が幹事長時代に番記者たちとの懇談で、田中派内（当時は竹下派旗揚げ前）の首相候補者を問われ、「平時の羽田（孜）、乱世の小沢（一郎）、大乱世の梶山」と評したのは、あまりに有名だが、この言葉には次のような続きがあることを、長年にわたって梶山を取材してきた元時事通信解説委員長、田崎史郎の『梶山静六死に顔に笑みをたたえて』（講談社）で知った（ちなみに、この本は政治家の評伝として屈指の作品である）。

「政治の世界に平時はない。大乱世があるとすれば、自民党はなくなっているさ」

つまり、金丸は、後に田中派出身者で首相になる橋本龍太郎、小渕恵三の二人は名前さえ挙げず、羽田、梶山も当て馬で「乱世の小沢」を高く評価していたのだ。

政治家は人一倍嫉妬心が強い。金丸の何気ない、しかも本音に近い発言は、派内にさざ波を起こし、ついには竹下派分裂につながっていくのだが、その話はひとまず置く。

梶山が真骨頂を発揮したのは、自民党国対委員長と官房長官のときだったのではないか。

ことに官房長官時代の彼は、「仕事師」という言葉がぴったりだった。しかも官僚には、人一倍厳しかった。

なぜ梶山が、官僚に厳しかったというのが、断言できるのか。

旧首相官邸（現在の首相公邸）は、記者立ち入り禁止箇所がほとんどの現・首相官邸からは想像できないことだが、官邸内の廊下を記者が自由に歩けたからである。

首相執務室の入り口扉前には、常時十人ほどの首相番記者がとぐろを巻いていた（私は一階にあった番記者控室で、文字通り控えていたことの方が多い怠け者記者だったが）。官房長官室は、首相執務室入り口から、真紅の絨毯が敷き詰められた階段を数段上がってすぐのところにあり、執務室前には、やはり官房長官番が数人たむろしていた。

この廊下に立っていると、時折、梶山の怒声が聞こえてきたのである。

怒鳴られた相手は、国会に提出する法案を説明しにきた各省庁の幹部や官房長官付きの秘書官たちがほとんどだった（このとき怒鳴られていた秘書官はみな優秀で、のちに防衛事務次官や駐中国大使など要職に就いている）。

当時も部屋に防音装置はあったはずで、具体的にどんな事に、どうして怒っているか子細はわからなかったのだが（後で本人に聞いても教えてはくれなかった）、とにかく、よく怒っていた。

その迫力は、自分が叱られたような気持ちになったほど。今ならパワハラで訴えられても仕方がないレベルである。

国対委員長時代に部下として仕えた与謝野馨《かおる》もよく叱られた口で、「梶山氏は糖尿病が持病でそのことが『怒りん坊』につながっていた」とまで書き遺している。

余談だが、梶山・与謝野の組み合わせは、名コンビだった。

「与謝野官房長官」の項でも書いているが、平成三（一九九一）年の湾岸戦争終結後に実施された自衛隊初の掃海艇派遣は、与謝野が発想し、梶山が実現に移した。

当時、ペルシャ湾への自衛艦派遣は、野党・社会党が「憲法違反だ」と強く反対し、大多数の記者たちも「戦後、一度も自衛隊を海外に派遣したことのない日本政府にできるはずはない」と鼻であしらっていた。

ところが、所管大臣でもなく、自民党の幹事長でもない一介の国対委員長だった梶山が、「一兆円も日本が出したのに国際社会は、評価してくれない。おカネだけではダメで、汗をかかないと日本の評価は沈んだままです」と首相の海部俊樹に直談判したのだ。

海部は「梶山君、こんなことは無理です」とけんもほろろだったが、これであきらめる梶山ではない。

さっそく、関係する経団連をはじめ、船主組合、さらには船員組合まで水面下で説得にあたったのだ。

その甲斐あって慎重派だった海部も「掃海艇派遣は、国際貢献で高い評価を得られる日本の仕事だと思う」と発言するまでになった。文字通り一八〇度、方針転換させたのである。

橋本龍太郎政権で、官房長官に起用されてからも剛腕ぶりは健在だった。

詳しく梶山の事績を知りたい方は、前出の「梶山静六　死に顔に笑みをたたえて」をお読みいただきたいが、梶山と橋本との関係は、竹下派の旗揚げのときから微妙なものだった。それでも、二人のコンビは存外、うまくいった。米軍普天間基地返還問題など外交は橋本、内政は梶山という暗黙の棲み分けが有効に機能したのだ。

それが証拠に、梶山が官房長官を退いた後、橋本政権は坂道を転がるように力を失っていったのだ。

梶山の事績で忘れてならないのは、北朝鮮による日本人拉致事件解決に向けた政府の姿勢をはっきりさせたことである。

拉致事件は、産経新聞が昭和五十五（一九八〇）年一月八日、「アベック三組ナゾの蒸発　海外情報機関が関与?」との見出しでスクープし、世間に初めて明るみに出た。

ところが、当時の大平正芳政権は、拉致事件の存在を明確には認めようとせず、在京各紙やテレビは、ものの見事に〝黙殺〟した。

政府が公式に拉致事件の存在を認めたのは、梶山が国家公安委員長だった昭和六十三

(一九八八)年三月になってからだ。

参院予算委員会で、共産党議員の質問に次のように答えた。

「昭和五十三年以来の一連のアベック行方不明事犯、恐らくは北朝鮮による拉致の疑いが十分濃厚でございます。解明が大変困難ではございますけれども、事態の重大性にかんがみ、今後とも真相究明のために全力を尽くしていかなければならないと考えております し、本人はもちろんでございますが、御家族の皆さん方に深い御同情を申し上げる次第であります」

はっきりと、「北朝鮮」と名指しできたのは、梶山が国家公安委員長だったからこそ。ところが、この画期的な答弁も朝日、毎日、読売新聞をはじめNHKや主要民放も報じなかった。辛うじて産経、日経両紙が報じたが、あっさりしたものだった。

私はまだ新潟支局勤務で、この記事は記憶に残っていない(横田めぐみさんが拉致された事案が明るみに出るのはまだ先のことだった)。

拉致事件が、本格的に世間の関心を引いたのは、平成九(一九九七)年初頭からだ。元北朝鮮工作員・安明進が「金正日政治軍事大学で横田めぐみさんを見た」と証言し、横田さんが拉致されたことが明白になった。

このときの官房長官が、梶山である。

梶山は拉致事件の解決を急ぐよう、警察庁をはじめ関係省庁を叱咤《しった》した。政府が初めて「七件十人」を北朝鮮に拉致された疑いが濃厚な事例として認定したのも梶山時代だ。

梶山が官邸の中枢にいたことで、政府も拉致事件解決へ向け、本格的に取り組むようになったのである。

慰安婦問題にも一家言あった。

平成九年春から「従軍慰安婦」に関する記述が中学校教科書に載ることが決まっていたのだが、さきほど書いた官邸の廊下で歩きながら記者団に「当時の公娼制度など社会背景を教えずに、慰安婦問題だけを教えるのはおかしい」と発言した。これを共同通信が批判的に報道し（同年一月二十四日）、日韓首脳会談の直前だったこともあり、ちょっとした騒ぎになった。

「なんでこんな当たり前の発言をしただけでニュースになるの？　加盟社を振り回すのはペルーだけにしてよ」と当時、官邸詰めの記者だった私は報道に疑問を持ち、共同通信の記者に嫌みを言った記憶がある（というのもこの年の初めに解決したペルー大使公邸占拠事件で、共同通信は誤報を連発し、文字通り産経や中日新聞など加盟社を振り回していたのである）。

発言に責任を感じた梶山は「クビにしてもらっていい」と橋本に辞意を伝えたという。

もちろん橋本は慰留し、このときは辞めるのを思いとどまったが、記事が配信されてから三日後の記者会見で梶山節が炸裂した。

少々長いが、その場にいた記者の務めとして引用したい。

「五十年前の戦争中の時代、貧しいために公娼制度、いわゆる赤線というものがあり、公娼、私娼、さまざまな方がいたわけです。そういう悲しい現実に目をつぶるわけにはいかない。私たちの身近にはたくさんの貧しい方々、やむを得ず自分の身体を売らなければならない立場に追い込まれた経済的な弱者がたくさんいたということは、皆さん方もお知りいただきたい。それが、私たちが今日生きる糧になるはずであります。時々戦争体験を申し上げたりするのは、私の時代にあったことを正確に皆さん方にもお伝えすることが、私の年代に生きた者の責任だから申し上げている。古くても古い時代に歴史があったという現実を皆さん方もお知り置きいただきたい。昭和二十年より前は空白ではなかった、ということであります」

晩年の生き様も彼らしかった。

橋本が、参院選敗北の責任をとって退陣した後に実施された平成十（一九九八）年の自民党総裁選に、小渕派を離脱して無派閥で立候補したのだ。

立候補した時点で、本命の小渕恵三が勝つのはわかりきっていたが、それを承知で戦を仕掛けた心意気は、幕末を騒がした水戸天狗党に参加したご先祖様の血が騒いだのだろうか。結果は予想を上回る百二票を集め、小泉純一郎を抑えて二位に食い込んだ。
このとき、梶山陣営に菅義偉、河野太郎、野田聖子、小此木八郎ら当時の中堅・若手議員が、派閥を超えて馳せ参じた。彼ら彼女らは、梶山の背中を見て育ち、政治的DNAを引き継いだと言っては大げさか。
評価は、不慮の交通事故が原因で、この世を去った無念さと次世代の政治家を無言のうちに育成したことを加味し、ただ一人、五つ星をつけさせていただいた。あの世から化けて出てきて、怒鳴られたくないから、というのも大きな理由の一つではあるが。

梶山静六（かじやま・せいろく）大正十五（一九二六）年、茨城県生まれ。陸軍航空士官学校卒。戦後、日大工学部卒。昭和三十（一九五五）年から茨城県議（四期）。昭和四十四（一九六九）年、衆院茨城二区から出馬し、当選。竹下内閣で自治相として初入閣。宇野内閣で通産相、海部内閣で法相、宮沢内閣で自民党幹事長、橋本内閣で官房長官を務めた。平成十二（二〇〇〇）年死去。

評価：★★★★★

最もついていない官房長官

村岡兼造

第二次橋本改造内閣、
平成9（1997）年9月11日～平成10年（1998）年7月30日

この人ほど悲運に見舞われた、というか、ついていない官房長官経験者も珍しい。

村岡は、平成九（一九九七）年九月、橋本龍太郎政権で官房長官に起用されるのだが、前任者が剛腕でしられた梶山静六であったのが、第一の不運だった。

村岡は、政治改革騒動で小沢一郎や羽田孜が経世会（竹下派）を割って自民党を飛び出した後、経世会から模様替えした平成研究会に残り、幹部として会長の小渕恵三、橋本龍太郎に仕えた。

その論功から梶山の後任に起用されたのだが、各省庁から選抜されたエリートである官房長官秘書官はもとより、各省庁の幹部を官邸に呼びつけて時には怒鳴り、時には激励して霞が関を掌握していた梶山に対し、永田町の感覚では温厚で「常識人」だった村岡は、役人を怒鳴り散らして服従させるという技が使えるわけはなく、就任当初から影が薄かった。

結局、就任翌年の参院選で自民党は大敗し、橋本は退陣。「村岡官房長官」時代は十カ月で幕となったが、官房長官時代の彼の事績はちょっと思い出せない。

第二の不運（「悲劇」といってもいいかもしれない）は、派閥内のどろどろとした人間関係が原因でやってきた。

小泉純一郎が大差で再選された平成十五（二〇〇三）年の自民党総裁選で、村岡は自派の候補である藤井孝男ではなく、現職の小泉支持にまわり、野中広務から「毒まんじゅうを食らったのではないか」と厳しく指弾された。

「毒まんじゅう」は、この年の流行語大賞をとるほどヒットし、村岡の好感度は急落。直後に行われた総選挙で落選の憂き目にあい、政界引退に追い込まれた。

なぜ、野中が口を極めて村岡を貶めたのか。

もちろん、伏線がある。

総裁選で絶対的に優位に立っていた小泉に対し、平成研内では主戦派の野中と再選支持派の青木が激しく対立した。

野中は自ら立候補しようとしていたほどだったが、青木らの猛反対によって断念。その青木側にいたのが、村岡だった。

つまり、「毒まんじゅう」の矛先は、青木に向いていたのである。

不運は、まだまだ続く。政界を引退した翌年、今度は日本歯科医師連盟の闇献金事件に連座し、政治資金規正法違反で在宅起訴されるのである。

今ではすっかり忘れ去られた日歯連事件の概要はこうだ。

発端は、平成十五年の衆院選で、日歯連が応援した候補が、選挙違反に問われ、日歯連本部が家宅捜索されたことから。

このとき、押収した書類から、衆院選とは別に前回参院選前、日歯連側から平成研究会に領収書のない一億円の闇献金がなされたことが発覚し、平成研の会長代理を務めていた村岡らが政治資金規正法違反で罪に問われたのである。

一億円の小切手が、東京・赤坂の料亭「口悦」で、日本医師会会長の臼田貞夫（当時）から平成研幹部に受け渡しされたのは、平成十三年七月の参院選直前。

同席した平成研幹部は、会長の橋本のほか、野中と当時参院幹事長を務めていた青木幹雄の三人で、村岡は呼ばれていなかった。

なぜ、一億円もの小切手が橋本側に渡ったのか。その前年、日歯連会長選挙が行われ、厚生族議員のドンだった橋本は、臼田の対立候補を推し、両者の関係は最悪だった。

しかし、医療従事者にとって死活問題である診療報酬改定の時期が近づき、頼みの厚生族議員にそっぽを向かれたら一大事とばかりに、臼田側が会合をセット。関係修復のためのお土産代と参院選への陣中見舞いを兼ねて一億円用意したのだ。

村岡は後にこう語っている。

「一派閥の平成研に対して、破格の献金ではありますが、橋本、臼田の強い確執がなければ、あり得なかった。この献金は、橋本に対する臼田の和解金、手打ち金の意味合いであります。その証拠に後にも先にも日歯連から平成研に対しての献金は、この時一回だけであります。この料亭の会合について村岡は誰からも何一つ聞いておりません」

にもかかわらず、村岡だけ罪に問われ、有罪判決を受けたのはなぜか。

後になって臼田側が領収書の発行を要求したところ、翌年二月の平成研幹部会（会長の橋本は病気で欠席）で、会長代理の村岡が主導して領収書の不発行が決まった、と平成研の会計責任者が証言したからだ。

一審判決は、この証言に矛盾点があるとして村岡は無罪となったが、東京高裁では証言は「自然で合理的」と認定し、逆転有罪。最高裁も二審判決を支持した。

カネがらみの政治スキャンダルは、どのように弁明しようと、たいていはもらった本人に非があるものだが、日歯連事件は、いささか違うような気がする。最高裁判決で村岡本人の有罪が確定するのだが、一審の「無罪判決」の方が真実に近いのではないか。というのも当時の平成研は、村岡が派閥の会長代理を務めていたといっても名ばかりで、実質は会長と野中、青木の三人が取り仕切っていた。

この三人は、料亭での小切手受領すら認めていない。にもかかわらず、橋本と青木は証拠不十分で不起訴、野中は主導的役割をしていないという奇妙な理由で起訴猶予となった。つまり、誰がどう考えても検察当局は、当時まだ政治力のあった橋本、野中、青木を忖度して起訴せず、政界を引退して力のなくなった村岡を文字通りのスケープゴート（生《いけ》贄《にえ》の羊）にしたとしか思えない。

村岡は官房長官として、パッとした存在ではなかったが、派閥抗争のとばっちりを受けて晩年に汚名を着せられたことに同情して、★二つとする。

評価：★★☆☆☆

村岡兼造（むらおか・かねぞう）昭和六（一九三一）年、秋田県生まれ。令和元（二〇一九）年没。慶應義塾大学経済学部卒。秋田県議を経て昭和四十七（一九七二）年の衆院選に立候補し、当選。官房長官のほか郵政相、運輸相、自民党総務会長、国会対策委員長などを歴任。引退後、日歯連献金事件に連座して政治資金規正法違反で訴追され、有罪判決を受けた。

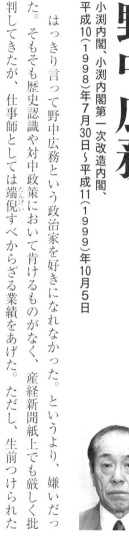

宰相になれなかったスナイパー

野中広務

小渕内閣、小渕内閣第一次改造内閣、
平成10(1998)年7月30日～平成11(1999)年10月5日

はっきり言って野中広務という政治家を好きになれなかった。というより、嫌いだった。そもそも歴史認識や対中政策において肯けるものがなく、産経新聞紙上でも厳しく批判してきたが、仕事師としては端倪《たんげい》すべからざる業績をあげた。ただし、生前つけられた「政界の狙撃手」なるニックネームは、あまりにもきれいごとにすぎる。

彼の政治手法は、敵あるいは敵方から寝返りそうな人物の情報（選挙区の情報はもちろん、カネ、女といったスキャンダル情報も）をどこからともなく委細漏らさず収集し、それを武器に恫喝あり、泣き落としありと硬軟両様で泥臭く外堀を埋め、かつ緻密に計算して攻め立てていくのが、基本だ。

野中が、中央政界で重きをなすきっかけは、平成五（一九九三）年の自民党下野だった。

ほとんどの自民党議員が、非自民の細川護熙政権の登場に茫然自失、党本部も門前雀《もんぜんじゃく》羅《ら》を張る中、野中や亀井静香といったごくごく一部の〝変わり者〟たちだけが、高い支持率で船出した細川護熙政権に立ち向かっていった。殿の首をとる、すなわち「細川降ろし」工作に着手したのである。

武器は、もちろんスキャンダル情報である。表沙汰になった細川のＮＴＴ株購入疑惑などのほかにも「細川にとって別の致命的な情報を入手した」（自民党関係者）といい、この情報が明るみに出る前に、細川は辞任した。

自民党の万年与党体質にどっぷり浸かったほかの腑抜けの議員とは、ひと味もふた味も違う凄みを記者たちに強烈に印象づけたのは、このときだ。

人心掌握術にも長けていた。野中の担当記者になると、ほとんどが「野中信者」になった。週末に地元・京都府園部町に彼が帰ると、上司が命じてもないのに新幹線に乗って京都までついていく番記者が続出した。

「週末ぐらいゆっくり休め。休むのも仕事のうちだ」と後輩記者に偉そうに訓戒を垂れると、「乾さんは暢気にそんなこと言うけど、他社に出し抜かれて文句を言われるのは僕ですから」と逆に説教される始末。

門外不出であるはずの新聞やテレビ各社の「取材メモ」（担当記者が党幹事長や派閥幹部、野党首脳らを夜討ち朝駆けして取材したオフレコ発言の概要を記したメモ）が毎日、野中の手元に寄せられていたのもむべなるかな。

一方で、「部落差別」という抜き差しならぬ偏見と生涯、闘い続けた彼には味方とともに敵も多かった。今でこそ信じられないが、町議選、町長選、府議選、そして衆院選の緒戦はすべて僅差の激戦だった事実がそれを物語る。

京都府会議員時代、革新自治体のリーダー格で京都府知事を七期務めた蜷川虎三に真っ向から勝負をいどみ、蜷川引退後、遂に革新府政を終わらせる立役者となった。その功績から府副知事に抜擢されるが、ここで中央政界進出のチャンスが巡ってくる。

京都自民党の重鎮だった前尾繁三郎、谷垣専一の二人が相次いで死去し、野中の地盤である園部町を含む衆院京都二区で補欠選挙が実施されることになったのである。

二人の枠に七人の候補者が立候補する大乱戦となったが、僅差で後に自民党総裁になる専一の息子、禎一とともにバッジをつけた。

恐るべき勝負強さである。

中央政界でも最後は宰相の座に手が届くところまで上り詰めたが、身内が立ちはだかった。これは最後に書くとして、官房長官時代の事績を振り返ろう。

好き嫌いは別にして、官房長官・野中広務の仕事ぶりは、非の打ちようがない。

官房長官就任を渋っていた野中を首相の小渕恵三が、三拝九拝して頼んでいるところを見計らって電話をかけてきたのが竹下登だ。大御所からの電話に説得される形で受けたものの、参院選で大敗したため自民党は参院で過半数を割っており、政権は発足当初から不安定な船出を強いられた。

そこで野中が、画策したのが、公明党との連立である。

非自民連立政権下の国会で、創価学会・公明党批判を繰り返してきた野中だが、変わり身も早かった。

硬軟両様の「野中手法」で、創価学会・公明党を陥落させたのである。

もちろん、一朝一夕に事は成就しない。当時は、野中らの働きかけで、野党第一党だった新進党から公明が抜け、新進党が崩壊したばかりで、いきなり与党入りするのは、支持母体の創価学会としても具合が悪かった。

そこで、公明党が出した条件が、「先に自由党と連立して欲しい。その後なら支援者を納得させられる」というものだった。

これには、さすがの野中も困った。自由党を率いる小沢一郎とは、経世会分裂以来、不倶戴天の仲になっており、パイプすらなかった。そこで頼ったのが、この頃「保保連合」

を唱えていた亀井静香と、読売のドンこと読売新聞代表取締役主筆の渡辺恒雄である。

この二人の仲介によって、極秘裏に野中、小沢会談が実現し、自民党と自由党との連立政権が発足した。

亀井が、野中と小沢の間をとりもったのは、当時から知られていたが、渡辺が「自自連立」に一役買っていたことが明るみに出たのは、つい最近の話。令和三年にＮＨＫＢＳで放送されたナベツネのインタビュー番組で自ら語っていた。野中の名言である「悪魔にひれ伏してでも」が生まれたのは、このときである。

このときの連立合意は、自由党の要求を丸呑みしたものだったが、野中は、半年後に公明も連立に加わる「密約」がある気配すら匂わせなかった。

自自連立政権発足からほぼ一年後、密約通り公明が連立政権入りする運びとなった。ダシに使われた小沢は怒り、自民党と自由党が共に解党し、新たな保守政党をつくろうと自民党総裁の小渕に提案するが、断られ、自由党は連立政権から離脱した。小沢との会談直後に小渕は、倒れたのだが、自公連立体制は現在も続いている。

善きにつけ悪しきにつけ、自公体制発足の扉を開けたのが、野中なのは間違いない。

それだけではない。

「自公連立」をある意味しのぐ官房長官・野中の最大の功績は、国旗国歌法を成立に導いたことだ。

若い世代には、ピンとこないかもしれないが、国旗国歌法が制定されていなかったわれわれ中高年世代は、入学式や卒業式で日の丸が掲揚されず、君が代を歌ったことがない仲間が結構多い。

今からおよそ三十年前、大阪で「国際花と緑の博覧会」（略称・花の万博）が開かれた。開会式に首相の海部俊樹も臨席するというので、私を含め十数人の番記者が同行したが、国旗掲揚・君が代演奏のセレモニーで、直ちに送稿する記事など何もなかったにもかかわらず、私ともう一人以外、起立した記者はいなかった（もちろん、朝日やＴＢＳの記者は座ったままだった）。日の丸に敬意を表して起立していた外国人記者が我々を奇異な目で見ていたのは、忘れられない。

国旗国歌法の制定は、平成十一（一九九九）年二月、広島県立世羅高校の校長が、卒業式での国旗掲揚・君が代斉唱を求める広島県教育委員会と教職員組合などの反対派との板挟みで自殺するという悲劇が明るみに出たのがきっかけだった。

首相は、事件が起こる前に国会で「政府として法制化は考えていない」と答弁したばかりで法制化に消極的だったが、「総理、こんな事件はもう起こすわけにはいきません」という野中の進言を受けてゴーサインを出した。

野中は、君が代の法制化に消極的だった公明党を説き伏せ、法案を成立させた。

なぜに野中は、国旗国歌法の制定に邁進したのか。

それは、校長の自殺をきっかけに、広島県の部落解放同盟が、教職員組合と連携して激しい反「日の丸・君が代」闘争を指導していたことが明るみに出たからである。

地元選出の蔵相、宮沢喜一が国会で「多くの人がリンチにあい、職を失ってきた。今日までこの問題の解決に十分寄与できなかったことを恥ずかしく思っている」と答弁したほど、解放同盟への風当たりが強まった。

野中は、法案成立から三年後にこう語っている。

「私はあえて身を挺してもいい、この時に国旗・国歌だけは法制化しておかなければ、長い長い闘争の渦の中に人命を失い、そしてそれによって差別の再生産を行い、取り返しのつかないことが出てくる。そう思って当時批判的であった公明党にもお願いをして、国旗国歌法案を通すことができました」（『野中広務　差別と権力』魚住昭、講談社文庫）

つまり、「部落差別の再生産」を阻止するため国旗国歌法の制定に全力を尽くした、というわけだ。

国旗国歌法の制定以降、あれほど激しかった反「日の丸・君が代」運動は、広島だけでなく、全国で潮が引くように収まっていった。今では、ほとんどの公立学校の入学・卒業式で国旗が掲揚され、君が代が演奏されるのは、野中の功績と言っても過言ではない。

「野中首相誕生」の可能性が高まったのは、二十一世紀最初の年に当たる平成十三（二〇〇一）年、森喜朗政権末期のことだった。森内閣の支持率は、日ごとに低下し、自民党総裁選を前倒しして行い、本格政権を誕生させるべきだとの声が党内外から強まった。総裁選の前倒し実施が決まった直後、本人の「二〇〇％やる気はない」という表向きの言葉を聞いたとき、私は「一〇〇％はあるんだな」と感じたのを覚えている。

官房長官退任後、自民党幹事長時代に「加藤の乱」を文字通り身体を張って鎮圧した彼にとって、子分で当時の幹事長だった古賀誠らが奏でた「野中首相待望論」は、耳に心地よかったはず。公明党からのラブコールも届いていた。総裁選に出馬していたらほぼ確実に「野中首相」は、誕生していた。

だが、野中の野望に青木幹雄ら身内が、待ったをかけた。

経世会が衣替えした平成研究会の柱石だった竹下、小渕が相次いで亡くなり、平成研は元首相の橋本龍太郎、野中、青木、村岡兼造による集団指導体制で運営されていた。

中堅・若手は、野中擁立派が多かったが、一部からは「野中さんは派閥を割った人だから、出るべきではない」という反対論も公然と出ていた。さらに、野中の出自を問題にする議員もいた（詳しくは書かないが、確かにこの耳で聞いた）。

こうした派内の状況を受けて、総裁選への対応を決める四者会談が開かれたが、結論はなかなか出なかった。青木が言を左右にして野中出馬に首を縦に振らなかったという。竹下の秘書を長年にわたって務め、名実ともに参院のドンとなった青木は「平成研はオレと竹下とでつくった」という意識が強く、野中首相が実現して実質的に平成研が「野中派」になるのだけは避けたかった、という説を当時、聞いたことがある。

結局、村岡が提案する形で橋本が総裁選に「再挑戦」することになったが、派閥内がバラバラなら勝ち目はない。「小泉純一郎旋風」によって橋本は完敗を喫し、平成研は以後、だれも宰相を輩出していない。

青木は、今もって自伝の類いを一切書き残していない。私をはじめ何人もの記者が、当時の経緯を何度聞いても「済んだことですから」と語ろうとしなかった。

聞き書きを含め複数の回顧録を遺した野中も「総裁選不戦敗」については、詳しく書いていない。それからわずか二年後に彼は政界を引退する。引退間際に彼は、自民党総務会に出席してこう発言した。

「総務大臣に予定されている麻生太郎政調会長。あなたは大勇会（当時の麻生グループ）の会合で『野中のような部落出身者を日本の総理大臣にはできないわなぁ』とおっしゃった。そのことを私は大勇会の三人のメンバーに確認しました。君のような人間がわが党の政策をやり、これから大臣ポストについていく。こんなことで人権啓発などできようはずがないんだ。私は絶対に許さん！」

総理大臣というポストの前に立ちはだかった厚く高い壁に、スナイパーは敗れ去った。われわれに重い宿題を遺して。

評価：★★★★☆

野中広務（のなか・ひろむ）大正十四（一九二五）年、京都府生まれ。平成三十（二〇一八）年死去。旧制京都府立園部中学卒。国鉄大阪鉄道管理局職員を経て、園部町議、園部町長を務める。昭和四十二（一九六七）年、京都府議に当選し、同五十三（一九七八）年、京都府副知事に。同五十八（一九八三）年、衆院京都二区補選に立候補し当選。村山内閣で自治相兼国家公安委員長として初入閣。小渕内閣で官房長官、森政権で自民党幹事長など要職を歴任。平成十五（二〇〇三）年政界引退。

「逆臣」と呼ばれた雄弁会幹事長

青木幹雄

小渕内閣第二次改造内閣、
平成11（1999）年10月5日～平成12（2000）年4月5日。
第一次森内閣、平成12（2000）年4月5日～平成12（2000）年7月4日

国会議員と秘書とは、身分にせよ給料にせよ天と地ほどの差がある。よく江戸時代の殿様と城代家老の主従関係に擬せられるが、そんな例はごくまれで、たいがいは殿様と足軽くらいの厳然たる格差がある。

田中真紀子が外相を務めていたころ、外務官僚を田中家の使用人扱いして大騒ぎになり、失脚したのを覚えておいでの読者も少なくないと思うが、今でも使用人並みの理不尽な扱いをされている議員秘書は少なくない。秘書がしょっちゅう入れ替わっている議員事務所は、近づかない方がいい。

「北海のヒグマ」と呼ばれた中川一郎の秘書だった鈴木宗男のように議員秘書から叩き

上げ、国会議員になるケースは極めてまれだ（議員が自分の息子や娘を世襲候補にするため秘書にする場合は、ままあるが）。

しかも官房長官にまで出世したのは、菅義偉が官房長官になるまでは、青木幹雄ただ一人。

戦国時代なら「下剋上」といっても差し支えないだろう。

何しろ『逆臣　青木幹雄』（松田賢弥著、講談社）という本が著名なジャーナリストの手によって世に出たくらい、一介の秘書が永田町の階段を駆け上がるのは至難の業だ。

ただ、主君に背く家来の意味である「逆臣」が、青木にふさわしい呼称か、といえば、ちょっと違うような気がする。

ノンフィクション本「逆臣」では、①竹下の死後、国会にほど近いビルにあった竹下の事務所をわがものにした②小渕恵三が脳梗塞で倒れた後、小渕の明確な指示のないまま首相臨時代理に就任したのはクーデターだ③参院で権勢を誇っていたころ、自民党総裁選で自らが所属する平成研究会の候補ではなく、小泉純一郎を支持した、などの「罪状」があげつらわれているが、まぁどれも「微罪」か「無罪」といったところだろう。

確かに青木が、異例の出世を始めるきっかけは、青木伊平（幹雄と姻戚関係はない）という竹下の「城代家老」を務めていた地元秘書が、平成元（一九八九）年、リクルート事件を苦に自殺してからだ。

すでに県会議員から参議院議員に転身していたものの、目立つ存在でなかった幹雄は（このころ、休日は後楽園にある場外馬券場に通うのが常だったが、誰にも気付かれなかった）、伊平に代わって「城代家老」役を務めるようになり、側近中の側近を突然失った竹下は、何かといえば青木を頼るようになった。

決定的な転機となったのは、平成五（一九九三）年、竹下派の分裂騒動で、青木は竹下の名代として参院をきっちりと固め、小沢一郎とともに自民党を離党した参院議員を最小限に抑えたことだ。

早稲田人脈も青木に追い風となった。

竹下が早稲田卒なのはもちろん、竹下以降に首相となる海部俊樹も小渕も森喜朗も青木が、幹事長を務めた早稲田大学雄弁会の後輩だった。

当時の雄弁会幹事長は、「国会議員になるより難しい」と言われ、小渕も森も直系の子分だった。特に森は青木の一年後輩で、「青木幹事長」誕生の原動力となり、事務総長として支えた間柄。

二人とも腹をすかせていた学生時代に青木の家で何度もご馳走になっており、何かと恩義がある。

だから首相になった小渕が、青木を自ら官房長官に抜擢した、というわけでもなかった。むしろ「頭の上がらない」青木を女房役に据えるのを嫌がった。

第一次小渕政権を官房長官として支えた野中広務が、小沢一郎率いる自由党との自自連立工作に精魂を使い果たして退任する際、そのころは関係が良好で、参院自民党幹事長だった青木を官房長官に推薦したのだ。

もうひとり、参院のドン、村上正邦も青木を推薦し、森山真弓以来、参院二人目となる官房長官が誕生した。

「青木官房長官」最大の仕事は、なんといっても現職首相が脳梗塞で倒れ、人事不省に陥る中、短時日で次期政権をスタートさせたことだろう。

自由党との連立解消を小沢一郎と話し合った直後の平成十二（二〇〇〇）年四月二日午前一時十五分ごろ、小渕は順天堂大学医院に緊急入院した。青木が首相秘書官から入院を知らされるのは午前二時頃。このとき秘書からは「心配するほどでもない」と伝えられる。

小渕の病状が深刻だ、とわかるのは、午前六時過ぎのこと。秘書官と医師が連れだって麹町の参院議員宿舎に青木を訪ね、脳梗塞の疑いがあると報告したのだ。

驚いた青木は、同じ宿舎に住んでいた村上、続いて電話で幹事長の森喜朗、幹事長代理の野中広務、政調会長の亀井静香に次々に電話し、五人は昼頃、赤坂プリンスホテル五五〇号室に集まった。世にいう「五人組」の誕生である。

このとき、小渕の詳しい病状はわからず、青木が順天堂医院に見舞いに行くことになった。

午後七時過ぎ、青木は病院に出向いて小渕と二人きりで面会する。このとき小渕は青木にこう指示した。

「有珠山対策など一刻もゆるがせにできないので、検査結果によっては、青木長官が臨時代理の任に当たるように、との指示が（小渕から）あった」（四月三日の記者会見）

というのは、真っ赤な嘘だった。このとき小渕の容態は、傾眠状態で大きな声で呼びかければ応答ができる程度。

しっかりとした言葉でしゃべることは絶対にできなかった。

のちに記者会見で、小渕発言の真偽を聞かれた青木は「非常に苦しい病状の中での発言なので、三回に分けて言われたか、四回に分けて言われたか、どういう形だったかをいちいち皆さんに報告する義務はない」（五月十五日の記者会見）と開き直った。

青木が真っ赤な嘘をつかねばならなかったのは、首相に事故のあった場合や欠けた際に首相臨時代理を置くときは、内閣法で、「あらかじめ指定した」国務大臣が臨時に首相の職務を行う、と規定されていたからである。

今でこそ「小渕緊急入院」の教訓から、新内閣が発足するたびに、あらかじめ首相臨時代理となる大臣の順番を決めるようになったが、小渕政権までは、「首相が欠けたときの想定をするのは縁起が悪い」と事前に臨時代理を決める慣習がなかったのだ。

さて、病院から青木が帰ってくるのを待って赤坂プリンスホテルで「五人組」の会合が再開された。

このころ、日曜の夜にもかかわらず私は珍しく青木の住む参院議員宿舎を夜回りし、呼び鈴を鳴らしたが、当然の如く応答がなかった。もちろん、小渕が倒れ、「五人組」が今まさに後継首相を決めようとしていたなど、夢にも思わなかった。

「五人組」会合では、青木が小渕の病状が非常に重いと報告し、野中が「いつまでも伏せておくことはできないだろう」と促し、日曜中に記者会見することと、青木を首相臨時代理とする方針がまず決まった。

話は自然と次期首相の話となり、村上が「それは幹事長を二回もやってきたお前がやるよりしょうがないじゃないか」と森に促し、あっさりと決まった。

雄弁会OBから雄弁会OBへの政権引継ぎを元雄弁会幹事長が、ノーというわけはない。

この場で、青木官房長官の続投と「野中幹事長」という森政権の骨格が決まったのだ。

当時のマスコミは「密室の談合」と厳しく批判したが、では、首相が人事不省の状態に陥った非常時に法律通りやっていれば、どうなっていただろうか。

何しろ普通の国なら憲法に非常事態条項があるのが常識なのに、未だにそれすらない。内閣法にも不備があったのは、前述の通りで「首相臨時代理」すら置けない状態が、長く続けば、政情不安になっていたのは間違いない。首相臨時代理がいなければ、閣議さえ開くことはできず、国政の停滞は免れなかった。それればかりでない。万が一、戦争や大地震など有事が起これば、なすすべもなかった。

小渕と敵対していた加藤紘一や連立離脱を通告した小沢らに付け入るスキを与えたくないという、「大人の事情」からにせよ、現職首相が入院してからわずか三日後に新政権を発足させたのは、青木ら「五人組」の功績といっていい。

特に青木は、四月二日深夜の緊急記者会見で「過労のため緊急入院した」と発表。詳しい容態はどうかという記者たちの矢継ぎ早の質問に「別に意識はどうということはありません」などと、堂々と嘘を言い続けた。

われわれも「そんなはずはないだろう」と思いつつ、その時点で証拠や証言がとれておらず、朝刊の締め切り時間が迫る中、詰め切れなかった。

これほど明白な嘘を記者会見でつき続けた官房長官は、ほかにいない。独自の政治理念や理想を聞いた覚えもない。にもかかわらず、彼を悪く言う記者は、あまりいなかった。

何の理論的根拠もない「青木の法則」（内閣支持率と自民党支持率の合計が五〇％を割ると政権はつぶれる）が、いまだに語り継がれているのも「青木人気」の根強さを物語っている。

青木の臨時代理就任、自民党役員会での森推挙に始まり、自民党両院議員総会での森総裁決定、衆参本会議での首相指名選挙と息つく暇もなく政局を思い通りに動かせたのも、皮肉を込めて書けば、政治のプロである「五人組」の息がぴたりとあっていたからこそ。

だが、「五人組」の蜜月は、ここまでだった。この年の暮れ、「加藤の乱」を平定した野中は、内閣改造を機に幹事長の座を降り、村上は翌年三月、ＫＳＤ事件で東京地検特捜部に逮捕され、政治生命を絶たれた。

村上の逮捕によって名実ともに「参議院のドン」に上り詰めた青木は、小泉政権発足以降、次第に野中と対立するようになる。

小泉が再選を目指した自民党総裁選を機に小泉支持に回った青木と反小泉を鮮明にした野中は、袂を分かち、野中は電撃的に政界を引退した。

一方の青木は、小泉、安倍政権下でも権勢を誇ったが、軽い脳梗塞を患ったのを機に引退を決意する。

引退を発表したのは、小渕がこの世を去ってからちょうど十年後の平成二十二（二〇一〇）年五月十四日のことだった。

青木幹雄（あおき・みきお）昭和九（一九三四）年島根県生まれ。早稲田大学法学部中退。早大在学中に竹下登の選挙を手伝い、そのまま秘書に。昭和四十二（一九六七）年、島根県議選に出馬し、当選。昭和六十一（一九八六）年に参院議員に転出。小渕内閣で官房長官に抜擢され、第一次森内閣まで続投。官房長官退任後、参院幹事長、参院議員会長を歴任し、「参議院のドン」と呼ばれる。平成二十二（二〇一〇）年、政界引退。長男、一彦は参院議員。

評価：★★★☆☆

スキャンダルに沈んだ「上げ潮」派

中川秀直

第二次森内閣、
平成12（2000）年7月4日～平成12（2000）年10月27日

今や「文春砲」全盛時代だ。

「文春砲」によって葬られた政治家、お役人、芸能人、大学学長は数知れず。

スキャンダルネタなら週刊文春に持ち込むのが一番、という風潮になっているが、平成の半ばくらいまでは、女性がらみの醜聞といえば「フォーカス」「フライデー」といった写真誌の独壇場だった。

中川秀直が、官房長官の座を棒に振るきっかけとなったのが、「フォーカス」だった。

フォーカスは、中川と愛人とのツーショット写真とともに、愛人に覚醒剤使用疑惑があり、警視庁が内偵しているとの情報を本人に流したという記事を掲載したのだ。

新自由クラブ出身ながら、自民党に入党してからは清和会に属し、後に首相となる森喜朗に可愛がられた（一時期は、どこへ行くにも二人連れだっていたので『御神酒徳利』と呼ばれていた）。

この頃から出世街道を歩み始め、森内閣で並み居る派閥の諸先輩や同期を押しのけて官房長官に抜擢された。

その上り坂の絶頂期にスキャンダルが明るみに出たのである。

英雄色を好む。とはよくいったモノで、昼だけでなく、夜もエネルギーが有り余っている政治家は数多い。

その昔、国会とは目と鼻の先にある赤坂は、「夜の国会議事堂」と呼ばれ、料亭や待合、小料理屋や高級クラブが軒を並べていた。

昼間、議場で口角泡を飛ばして議論を闘わせていた与野党の議員たちは、夕暮れともなると永田町の坂を下り、三々五々、目立たぬようなじみの店に入っていった。

そこでは、与野党議員が仲良く酒を酌み交わし、麻雀の卓を囲んだ。

麻雀といっても、最後は野党議員が勝つことになっており、いかに相手を良い気持ちにさせて〝合法的〟にカネを受け渡すかが、自民党議員の腕の見せ所だった。

自民党総裁選ともなれば、派閥ごとにある贔屓《ひいき》の店を借り切って、多数派工作が繰り広げられ、札束も乱れ飛んだ。

そうした「公務」がひとしきり終わると、戦士の休息とばかり、なじみの芸者と待合で「休息」する政治家も珍しくなかった。

そういった政治家の「夜のルーティーン」が、外に漏れることは滅多になかった。今では「赤坂芸者」は絶滅危惧種となったが、芸達者で口が堅いのが売りだった。小泉純一郎と浮き名を流した売れっ子芸者も一切、口外しなかった。

そんな「夜の国会議事堂」が廃れ始めたのは、バブルが崩壊した平成になってから。宇野宗佑が失脚するもとになった「三本指スキャンダル」は、神楽坂のコンパニオンがサンデー毎日に告白して明るみに出たものだが、赤坂界隈では「ケチとはいえ、ダンナを売るとは、神楽坂も墜ちたもんだ」とのささやきが聞かれたものだ。

年々、政治とカネをめぐる世間の目が厳しくなり、政治家が赤坂にカネを落としづらくなったのが、最大の要因だが、平成五（一九九三）年に颯爽と登場した首相、細川護熙が「料亭や待合は使わない。これからはホテルかレストランで会合を開く」と宣言したのも大きかった。

料亭で芸者を呼んで一席設けるのをやめ、ホテルやレストランの個室を使い、女性抜きで会合を開くと、ケタがヒトケタ違うほど安上がりで済むことが、政治家も実感としてわかったからだ。

非自民党政権は、一年も持たなかったが、その間により厳しくなった政治資金規正法が成立、これまでのように湯水の如く夜の宴席にカネを落とせなくなったのだ。

その後、リーマン・ショックがとどめの一撃となって、赤坂の料亭や待合は、次々と暖簾を降ろし、今や数えるほどになった。

話が横道にそれた。

中川にとって躓きの石となった「愛人」も、もとはといえば、自民党が政権を追われ、閑居していた時期に銀座のクラブで出会ったという。

「赤坂で遊んでいればよかったのにねぇ」とは、酸いも甘いも噛み分けた自民党長老の感想だが、愛人問題は国会でも取り上げられた。愛人と中川とのやりとりが、録音テープに残されていたのだ（本人は、自分の声ではないと否定し続けたが、なんとも脇が甘かった）。

各社の長官番記者との懇談でも、この問題が話題となり（こういった女性スキャンダルは、よほどのことがない限り、記者が大人数参加する懇談会ではとりあげないのが風習になっていた）、正確に書くと女性記者から「本当なんですか」と問い詰められ、思わず、天井を見上げたという。

ほどなく彼は辞意を固め、就任から四カ月経たずして官邸を去った。

日本経済新聞出身という経歴もあって、実体経済に詳しく、消費税増税に反対し、「上げ潮」派と呼ばれた彼の政策立案能力は並の議員では太刀打ちできないほどだった。

とはいえ、総理への道は、官房長官辞任によって事実上、絶たれてしまった。

森政権を引き継いだ同じ清和会の小泉純一郎政権で自民党国対委員長、続く安倍晋三政権では自民党幹事長と党の要職を務めたが、内心忸怩《じくじ》たるものがあったのだろう。

幹事長時代の講演で、「（安倍）首相が入室したときに起立せず、閣議が始まっても私語をやめないなど、忠誠心がない閣僚は官邸から去るべき」と安倍内閣のゆるみぶりを叱責した心境はよくわかる。

官房長官として十分に閣内を仕切れていない塩崎恭久を、自民党幹事長室に呼んで説教をしたことも。

自分が官房長官だったら、あるいは総理だったらと歯がみしていたようだった。

父親の引退後（秀直は現役時代、世襲立候補の制限を訴えていたのだが）、衆院広島4区から出馬し、跡を継いだ次男の俊直が、父親同様、女性スキャンダルに見舞われ、議席を失ったのも因果な話ではある。

俊直がテレビ東京で政治記者をやっていたころ、一緒の職場（内閣記者会）で仕事をしたことがあるが、腰が低く好青年の印象があった。

政治家になってからの彼は、人が変わったようである。つくづく永田町には魔物が棲んでいるなぁ、と実感させられた一例ではある。
なお、★一つの評価は、あくまで官房長官時代のものである。念のため。

中川秀直（なかがわ・ひでなお）昭和十九（一九四四）年、東京都生まれ。慶應義塾大学法学部卒。日本経済新聞記者を経て昭和五十一（一九七六）年、義父・中川俊思の地盤である衆院広島二区から新自由クラブ公認候補として立候補し、当選。一度落選するも昭和五十五（一九八〇）年の衆院選で返り咲き、自民党に入党。平成八（一九九六）年、橋本内閣で科学技術庁長官就任。官房長官退任後、小泉政権で自民党国対委員長、第一次安倍政権で自民党幹事長に。平成二十四（二〇一二）年に政界引退。

評価：★☆☆☆☆

「偉大な父」の長男物語

福田康夫

第二次森内閣、平成12（2000）年10月27日〜平成13（2001）年4月26日。
第一次小泉内閣、第一次小泉第一次改造内閣、第一次小泉第二次改造内閣、平成13（2001）年4月26日〜平成15（2003）年11月19日。
第二次小泉内閣、平成15（2003）年11月19日〜平成16（2004）年5月7日

大物政治家や実業家の長男に生まれた幸福と悲哀は紙一重であり、余人には到底わからぬ宿命と重圧を背負っている、と言って間違いないだろう。

ＮＨＫ大河ドラマの主人公、渋沢栄一の実質的な長男（長男の市太郎は夭折している）である篤二もその一人。彼は、学習院から熊本の第五高等中学（五高）に入学していることからも頭は良かったようだが、多情の相があった。

せっかく入った五高だったが、女遊びが過ぎて放校となり（病気説もある）、栄一の郷里、血洗島で蟄居《ちっきょ》させられた。

改心して勉学に勤しみ、伯爵家の令嬢を妻に迎えて立派な後継者に成長したかと思いきや、芸者と懇ろになり、妻を離縁しようとしてついには廃嫡された。

廃嫡された後も篤二は、渋沢家からの支援もあって悠々自適に暮らし、晩年には再び渋沢家の事業にも携わったそうだから良き人生だったのかもしれないが。

大物政治家の長男、長女もそうだ。

大物政治家の定義は難しいが、戦後首相を務めた政治家の長男が、宰相の座を射止めたのは、福田赳夫の長男、福田康夫ただ一人である。

戦後、保守政界の覇権を吉田茂と争った鳩山一郎の長男、威一郎は、東京帝大法学部卒の俊英で、大蔵事務次官まで務めた。

遊びも豪快で、鳩山御殿のある音羽からではなく、赤坂から大蔵省に通うのもしばしばだったという。ただし、役人から政界に転出したのが遅く（しかも参院）、外相を務めたものの政治家としてはパッとしなかった。

田中角栄の長女（長男は夭折した）、真紀子は、演説こそ父親譲りだったが、角さんの如く清濁併せ呑むことができなかったのは、ご存じの通り。

朝日新聞記者出身の河野一郎は、総理一歩手前までのしあがった自民党の大物政治家だったが、長男・洋平は自民党総裁になりながら宰相の座を逸した。

ちなみに孫なら安倍晋三（祖父・岸信介）、麻生太郎（同・吉田茂）、鳩山由紀夫（同・鳩山一郎）と三人もいる。

偉大な父だからといって、子どもも優秀で聡明、人格円満かと言えば、そういう例はごくまれで、そうでもない例の方が多いのは皆さんよくご存じの通り。

むしろ、長男として生まれたばかりに、周囲の期待や無言の圧力が大きすぎて、父の跡を継ぐのを嫌がり、別の道に進むケースも数多い。

安倍晋三は次男だし、小渕恵三の娘で、かつては日本初の女性首相候補といわれていた小渕優子も次女である。

小泉（純一郎）家も、長男は俳優になり、家業を継いだのは次男である。

福田康夫も最初から、父の地盤を継いで衆院議員になろうとしたわけでない。むしろ嫌がった。

早稲田大学（父親は東京帝国大学を卒業、大蔵省に優秀な成績で入省していただけに、父の支持者の中にはあからさまに学歴をバカにした人もいたとか）を卒業後、丸善石油に入社、腰掛けでも箔《はく》付けでもなく、サラリーマン生活を十七年間続けた。

後継者は、老舗旅館に養子に出ていた横手征夫と目されていたのだ。彼は政治家志望で人懐っこく、福田赳夫事務所に出入りしており、番記者の大半は弟が後継者だと思っていた。

一方の康夫は、父の自宅を訪れる番記者や来客の前には滅多に顔を出さなかった。転機となったのは、弟が病に伏せってしまったことだ。ここで、赳夫の妻でゴットマザーといわれた三枝夫人が、大きな役割を果たす。渋る長男を強引に説得、会社を辞めさせ、赳夫の秘書官にしたという（もともと夫人は、長男を跡継ぎにしたかったといわれている）。

このとき既に康夫は四十歳。そこから衆院議員になるまで、さらに幾星霜過ぎており、初当選は五十三歳のとき。

当選回数が、今も昔も出世の基準となる自民党では、「五十歳以上」初当選組が、首相になったのは、福田以前にも以後にも誰もいない。まさに福田の後に福田なし、福田の前に福田なし、なのだ。

本人も首相を目指す気持ちは、初当選当時にはなかっただろう。

官房長官退任直後も、衆院議員・衛藤征士郎と対談した際、「私は（総理に）なりたいと思ったことはないし、その資格もないですよ」（「一国は一人を以って興り、一人を以って亡ぶ」ＫＫベストセラーズ）と明言している。

初めて大臣（沖縄開発庁長官）になったのも還暦をとっくに越えてからで、森内閣で官房長官に起用されたのは、六十四歳のとき。

このとき部下となった官房副長官の安倍晋三は四十六歳。同じ派閥のサラブレッド同士とはいえ（だからこそ）、ウマが合うはずもない。

最も激しく二人が対立したのは、あまりにも有名な話ではあるが、北朝鮮による日本人拉致事件の被害者帰国問題だった。

初の日朝首脳会談で、金正日が小泉純一郎に拉致を認め、平成十四（二〇〇二）年十月、拉致被害者五人が一時帰国した際、安倍が「北朝鮮に返すべきではない」と強硬に主張したのに対し、首脳会談実現に尽力した外務省アジア大洋州局長（当時）の田中均とともに、「首脳間の信義を守るべきだ」として難色を示したのだ。

後年、福田は「北朝鮮に返す約束を破って大丈夫なのかどうかを外務省によく尋ねた」だけと釈明しているが、そんなに優しく問い合わせている風情ではなかった。結局、小泉は安倍に軍配を上げたのだが、福田―田中ラインで、北朝鮮に五人を戻していたら、と想像しただけで背筋が寒くなる。

菅義偉に破られるまで、官房長官在任日数の最長記録（一千二百八十九日）を保持していたが、番記者たちと腹を割って話すタイプではなかった。むしろ、一部のシンパ記者以外とは見えない壁をつくっていた。

勉強不足の記者が質問すると、「フフン」と冷笑してから答える場面も少なくなかった。官房長官在任日数が過去最長になったときも「秘密主義長官、影の外務大臣、影の防衛庁長官。いろいろ名前はありますが、まあ、しょせん、影ですから」と斜に構えるのが常だった。

付け加えるならば、森内閣でも小泉内閣でも「影の総理大臣」ではあった。

かと思えば、首相官邸詰めだった産経新聞記者の阿比留瑠比が、拉致問題などで厳しく福田を問い詰めると、色をなして反論することもままあり、福田―阿比留対決は、記者会見名物のひとつでもあった（東京新聞記者、望月某と官房長官時代の菅とのやりとりと少し似ていた）。

そんな「ミスター官房長官」の最後は、あっけなかった。

歳月が経つと、あのとき、どうして、あんな事があんなに盛り上がったのか、不思議で仕方がない事件や問題があるものだが、政治家の年金未納問題もその一つだろう。

国民年金の未納問題は古くて新しい問題だが、平成十六（二〇〇四）年四月、複数の閣僚に年金未納期間があるのが発覚した。

国民に未納分を払うよう督促している国の大臣自身が、年金保険料を払わなければならない時期に払っていなかったという「事実」は、大衆の怒りを買い、次から次へと「未納者」が明るみに出た。福田もその一人で、同年五月七日、定例記者会見で突然、辞任を発表した。

今から振り返ると（当時からそう思っていたが）、年金未納問題は、官房長官を辞めるようなスキャンダルとはとても言えない。

このとき、小泉の二度目の訪朝が迫っており、本当の理由は対北朝鮮外交が、小泉・安倍コンビ主導で進みつつあることへの抗議ではなかったか。

退任を発表した記者会見直後、福田は秘書官に「これが政治だ」と言い放った（当時は「ざまあみろ」と言ったと伝えられたが、本人は否定している）。

その言葉の意味を彼はこう語っている。

「政治の一寸先は闇、だから政治家の進退は、自分の言葉で発表するまで、誰にも相談することなく、自らの心にじっとしまっておく、政治家の言葉はそれほどまでに重い、という意味を込めて、エレベーターの中で秘書官にそう言ったんです」（前掲書）

突然の幕引きは、彼の真骨頂である。

安倍政権からバトンを引き継いで、一年しか経っていなかった平成二十（二〇〇八）年九月一日、緊急記者会見を開いて退陣を表明した。

衆参ねじれが続く中、起死回生の大技として民主党との「大連立構想」を打ち出し、小沢一郎との党首会談に持ち込んだものの、民主党の了承を得られず失敗したためだが、この記者会見も彼らしかった。

記者が質問で「退陣会見も他人事のように聞こえる」と挑発したのに対し、平成政治史に残る台詞を遺したのだ。

「他人事のように、という風にあなたはおっしゃったけれども、私は自分自身を客観的に見ることはできるんです。あなたと違うんです」

「あなたとは違うんです」（なぜか、「は」が付け加わった）という台詞は、ネットが火付け役になって大ヒットした。

玄人受けはしても、国民的人気や流行とはまったく無縁だった福田が、首相を辞めてから自分の言葉が「流行語大賞」に選ばれたのは、なんとも皮肉な出来事だった。もちろん、授賞式には出席しなかったが。

官房長官としての仕事ぶりは、能吏という言葉がピッタリで質が高かった。

ただし、人権抑圧と覇権主義が日本にとって脅威になっている中国の習近平体制への無批判ぶりは、功績を帳消しにして余りある。

その淵源が「影の外務大臣」と呼ばれた官房長官時代にあるのは間違いない（中国に配慮して首相の靖国神社参拝を八月十五日からずらさせたのが好例）。よって評価は厳しいものとせざるを得ない。

長男から長男へ、は福田家の伝統だろう。岸田政権発足とともに、自民党総務会長に引き立てられた達夫もまた長男である。安倍家対福田家の戦いはまだまだ続く。

それにしても大物の子どもに生まれなくて良かったですなぁ、ご同輩。

評価：★★☆☆☆

福田康夫（ふくだ・やすお）昭和十一（一九三六）年、東京生まれ。早稲田大学第一政治経済学部経済学科卒。丸善石油でサラリーマンを務めた後、父・赳夫の秘書に。平成二（一九九〇）年の衆院選に群馬三区から出馬し、当選。森内閣で沖縄開発庁長官として初入閣。小泉内閣で官房長官を務める。平成十九（二〇〇七）年九月、首相に就任。平成二十四（二〇一二）年、政界引退。父は元首相の赳夫、長男は達夫（総務会長）。

「含羞の人」がトップになれない理由

細田博之

第二次小泉内閣、第二次小泉改造内閣、
平成16（2004）年5月7日～平成17（2005）年9月21日。
第三次小泉内閣、平成17（2005）年9月21日～平成17（2005）年10月31日

官房長官、自民党幹事長と、政治家なら誰しもうらやむ内閣と自民党の両方のナンバーツーを経験すれば、ナンバーワンである内閣総理大臣・自民党総裁を目指すのが普通の政治家だ。

軍師タイプといわれた梶山静六でさえ、派閥を飛び出して勝ち目のない自民党総裁選に挑戦し、野中広務も全盛期の小泉純一郎に対抗して一時、出馬を模索したほど。

ところが、細田は、ナンバーワンを目指そうと明確に動いたことは一度もない（内心はどうだったかわからないが）。

森喜朗、小泉、安倍晋三、福田康夫と立て続けに首相を輩出した名門派閥・清和会の会

長になってもギラギラしたところがない。

今はなき小渕恵三（彼も官房長官、幹事長の両方をやっている）は、竹下派の会長職を継承したにもかかわらず、ライバルだった橋本龍太郎が、先に宰相の座を射止めたことをいたく悔しがった。

その橋本内閣に小渕派内の大臣待望組を押し込むのではなく、自らを副総理格で入閣させるよう求めて周囲を呆れさせたのとは、好対照だ。

ギラギラしたところがない上に仕事がこなせるから、任命権者は安心して重要ポストに起用できる。

ことに平成二年当選組の同期ながら年上の福田康夫からの信頼は絶大だった。

福田は、人付き合いがあまり得意でなく、側近と呼べる政治家は細田くらいなものだった。そのため、福田が官房長官に小泉から指名を受けた際、長官を支える官房副長官に細田を推薦したといわれている。

福田が、国民年金保険料未納問題で、平成十六（二〇〇四）年五月、突如辞任すると、このときも福田が推薦して「細田官房長官」が誕生した。

名字からの連想から「線が細い」と陰口を叩かれながらも仕事ぶりは堅実だった。

特に沖縄の米軍基地問題では、沖縄担当相時代の人脈が生き、次のような「細田私案」

をまとめあげた。
・米軍普天間基地の移設先は名護市辺野古
・海兵隊一万四千人をグアムに移駐させる
・沖縄中南部の米軍基地返還を急ぐ
・那覇空港第二滑走路を建設し、沖縄の経済振興を図る
この「細田私案」は、米国からも評価され、官房長官退任の翌年、平成十八（二〇〇六）年五月に「再編の実施のためのロードマップ」という形で結実する。

残念ながら普天間基地移転は、沖縄の政治状況の変化や「最低でも県外」と口走った鳩山政権の誕生によっていまだ、実現していないが、グアムへの海兵隊移駐は、紆余曲折を経て司令部と実働部隊あわせて九千人とその家族が、二〇二〇年代前半に日本国外へ移駐を開始することで合意にこぎつけている。

那覇空港の第二滑走路増設とあわせて海兵隊の国外移駐はもっと評価されていい。

「細田私案」は何も沖縄問題だけではない。

平成六（一九九四）年、政治改革関連法案が成立し、さあ、衆院に小選挙区制を導入しようとした時、選挙区の区割りが大問題となった。

現職議員や与党は自らにとって有利な線引きになるよう工作しようとするのは目に見え

ていたため、政府は衆院議員選挙区画定審議会を新たにつくり、限られたメンバーによって、秘密裏に区割り案を策定していた。

ところが、永田町に「細田私案」なるものが出回り、「審議会のペーパーが漏れたのか」とちょっとした騒ぎになった。

タネを明かせば、まだ駆け出しの代議士だった細田が、当時珍しかったパソコンを駆使し、一選挙区あたりの人口基準に当てはめて線引きしただけだったのだが、区割り案が正式に発表されると、「細田私案」と瓜二つだったのである。

細田に「選挙博士」の異名がついたのは、言うまでもない。各種選挙の予測も〝科学的〟で、報道各社の選挙担当記者が「細田予想」を聞きに行ったほど。

定数削減や選挙制度見直し論議が政治課題になるたびに自民党の責任者兼知恵袋として駆り出されている。

趣味も多彩で、ピアノの腕前は、ピアニストの中村紘子が週刊誌で絶賛したほど。

しかもピアノの先生について習ったのは、小学生の間の三年くらいで、四十歳になる手前になってから再開したんだとか。

独学でショパンの「雨だれ」やリチャード・クレイダーマンの「ノスタルジー」を情感豊かに弾くというのだから一種の天才ではある。

今、これを書いているときにハタと気付いたのだが、「細田首相待望論」を、世間からも自民党議員からも（ごくごく少数を除いて）聞いたことがないのである。

政策通であり、政府や党の要職を歴任し、しかも派閥の会長でもあるのに、これはどうしたことか（人格的に欠陥がある、という話も聞いたことがない）。

しかも自己顕示欲丸出しの「政治家本」の類いを一切書いていない。含羞の人なのである。

こういう人が、なぜ日本のトップリーダーになれないのか。

日本政治を考える上で、大いなる示唆を与える人物ではある。

細田博之（ほそだ・ひろゆき）昭和十九（一九四四）年、島根県松江市生まれ。東京大学法学部卒後、通産省入省。父の細田吉蔵の秘書を経て平成二（一九九〇）年、衆院島根選挙区から立候補し、初当選。当選十回。小泉政権で科学技術政策担当兼沖縄及び北方対策担当相として初入閣。その後、内閣官房副長官を経て官房長官に。麻生政権で自民党幹事長を務める。平成二十六（二〇一四）年、清和政策研究会（清和会）会長就任。

評価：★★★☆☆

宰相修業の場だった官房長官

安倍晋三

第三次小泉改造内閣、
平成17（2005）年10月31日〜平成18（2006）年9月26日

昭和の昔の話になるが、良家の子女が結婚適齢期に近づくと、親は娘を料理に始まってお茶やお花などの教室に通わせ、花嫁修業をさせるのが普通だった。たいていは、高い月謝を払ったにしては、お免状をもらってそれで終わり。大して役に立たぬものだったが、それでもやらないよりはまし。一応、家事万端をたたきこんで嫁に送り出した。

「宰相修業」も昭和の昔には、曲がりなりにもあった。衆院の選挙区が、一選挙区当たり原則三―五人の議員を選ぶ中選挙区だった平成初頭までは、自民党の派閥が、実践的な「政治家教育」の場となっていた。

当選したばかりの若手は、例外なく国会対策で汗を流し、その合間に政策の勉強をする。

当選回数を重ねるごとに、自民党の部会長や国会の委員長などの役職に段階を踏んで就き、衆院当選五回以上で大臣適齢期となる。

その間、選挙という有権者の厳しい選別があり、派閥のドンのお眼鏡にかなえば、大蔵、外務、通産と言った主要官庁の政務次官か、その派閥が首相を出していたならば、内閣官房副長官というエリートコースが用意されたものだ。

そこから先は、自らの腕と度胸でカネと仲間を集めて派閥の幹部となり、主要閣僚や党三役を経験した上で、天下獲りに挑むという「宰相修業」コースが確かにあった。

ところが、政治改革によって衆院に小選挙区制が導入され、政治資金集めが格段に厳しくなると「カネの切れ目が縁の切れ目」とばかりに、派閥が衰亡してしまった。「教育機関」としての派閥の役割も消え、「宰相修業」も今ではすっかり廃れてしまった。

大学で政治学を学んでも、現実の政治にはちっとも役立たないように、党本部が「宰相修業」をカリキュラム化しようにも、まず不可能だからだ。

ただし、例外もある。派閥の先輩が、後進を宰相に育てるための促成カリキュラムを組み、成功した唯一の例がある。

安倍晋三である。

安倍が初当選した平成五（一九九三）年の総選挙直後、自民党が下野したこともあって駆け出しのころはポストに恵まれなかった。

本格的な「宰相修業」が始まるのは、平成十二（二〇〇〇）年、森内閣で官房副長官に抜擢されてから。

転機はその二年前、小渕恵三、梶山静六、小泉純一郎が出馬した自民党総裁選だ。

総裁選直前、安倍は所属する清和会の会合で「小泉不出馬」論をぶった。

「今回の総裁選であの憎き経世会が分裂してくれたんですよ。我が派が推せば、梶山さんが勝てる。野中広務たちに一泡吹かせてやれるじゃないですか。小泉さんは今回は出馬すべきではない」（『安倍晋三秘録』石橋文登、飛鳥新社）

小泉の出馬は、小泉本人の並々ならぬ首相の椅子への意欲からであるのはもちろんだが、小泉の出馬によって「反小渕」票を分散させ、その論功行賞として小渕政権でも主流派の位置を占めようという派閥会長、森の打算が合致したものだった。

結局、安倍は派閥の方針に従って小泉陣営で汗をかくのだが、安倍と思想的にも近かった平沼赳夫、中川昭一らは森と対立していた亀井静香とともに総裁選後、清和会を飛び出した。

清和会に残留するか、飛び出すかの二者択一を森から直接迫られた安倍は、残留を決断した。祖父である岸信介が創り、父の安倍晋太郎が継承した派閥を捨てることはできなかったのだ。

若き頃、無所属で衆院選に挑戦し、福田赳夫の門をたたいた森は、もともと福田家と近かったが、安倍の決断を諒とした森は、自らが首相になると福田康夫を官房長官、安倍を官房副長官に抜擢した。

続く小泉政権でも副長官を続投し、連続在職三年二カ月を数えた。

この三年二カ月が、安倍を大いに成長させた。

時あたかも中央省庁が再編され、首相官邸に権力がより集中するようになったのも安倍に追い風となった。

官房副長官の年季が明けると、小泉は平成十五（二〇〇三）年、なんと安倍を近づく衆院選向けに「選挙の顔」として自民党幹事長に大抜擢する。

言うまでもなく、自民党幹事長は、総裁に次ぐナンバーツーで、首相の職務で忙しく、党務をこなすヒマのない総裁に代わって、党全体を取り仕切り、選挙ともなれば、公認権と選挙資金を握る大実力者だ。

歴代の幹事長は少なくとも大臣を一度は経験しており、閣僚も自民党の三役も一度も経験せず、幹事長になったのは後にも先にも安倍ただ一人である。

幹事長としての安倍は、衆院選を勝利に導いて男を上げたが、翌年の参院選で苦杯を嘗める。

選挙前、「自民党が五十議席とれなかったら幹事長を辞める」と大見得を切ったが、結果は一議席足らない四十九議席。

安倍は潔く責任をとり、「幹事長代理」に降格された。幹事長から幹事長代理になったのも安倍ただ一人。

禍福はあざなえる縄のごとし、とはよく言ったもので、幹事長代理時代の安倍は、ナンバーツーのプレッシャーから解放され、のびのびと仕事ができた。郵政解散での「刺客騒動」も「偉大なるイエスマン」を自称した幹事長、武部勤が前面に出て対応したため、郵政反対派からの風当たりも比較的弱かった。

そして「宰相修業」の締めが、官房長官就任だった。

五年五カ月の長期政権を誇った小泉政権だったが、「郵政解散」総選挙に圧勝し、郵政民営化法案が成立すると憑《つ》きものが落ちたように活力が低下した。

小泉が「最後の官房長官」に安倍を据えたのも、もうひとりの後継者候補である福田康夫に比べ、国民的人気のある安倍を手元に置いて「帝王学」を施し、森、小泉と計六年半続いた「清和会政権」を安倍に禅譲《ぜんじょう》しようとしたからに他ならない。

禅譲という言葉は、永田町の住人が好んで使う言葉である。

古代中国の堯、舜、禹の時代、天子の地位は血統ではなく有徳者によって平和的に移譲されたとの伝説が元になっているが、本家の中国でも日本でもほとんどない。

ほとんどないからこそ、あこがれとして「禅譲」という言葉が生き馬の目を抜く永田町に生き残っているわけだが、小泉から安倍へのバトンタッチは、それに当たるだろう。

安倍が官房長官を務めた平成十七（二〇〇五）年秋から翌年の秋までは、前後の年があまりにも激動過ぎたせいもあって今となっては、ほとんど思い出せない。

ただ一つ、覚えているのは、皇室典範が改正を免れたことである。

小泉は、政権最後の大仕事として「女性・女系天皇」を容認する皇室典範の改正をもくろんでいた。

安倍が官房長官に就任する一年前、首相の私的諮問機関「皇室典範に関する有識者会議」を発足させたのだ。皇位継承は長子を優先すべきだとの報告書がまとまったのは、安倍官房長官のときだった。

もちろん、有識者会議は隠れ蓑で、事務方では「愛子天皇」誕生への道を開く皇室典範改正案を国会に提出するための準備が着々と進んでいた。

こうした動きに安倍の盟友で農水相を務めていた中川正一と外相の麻生太郎は「皇統を危機に陥れるような法律に書名はできない」と強く反発。皇室典範改正案が閣議の場に持ち出されたら辞任しかねない勢いだった。

安倍自身も反対の立場だったが、「主人」である小泉に翻意を求めるのは、難しかった。「それではこのまま放っておいてイイのか」と逆切れされるのは目に見えていたからだ。小泉が自分に政権を禅譲するつもりでいるのは、よくわかっていたから、ここで機嫌を損ねては、という計算もあっただろう。

そんな安倍の愁眉《しゅうび》を開いたのは、秋篠宮紀子さまご懐妊の知らせだった。皇室典範改正案はお蔵入りになり、安倍にとって最大のピンチは消えた。

「宰相修業」が始まってから六年、安倍は「ポスト小泉」の自民党総裁選を楽勝し、第九〇代内閣総理大臣に指名された。

だが、「促成栽培」の脆さが発足してからほどなく露呈してしまう。

現職閣僚の松岡利勝が自殺したのは、その象徴だった。第一次安倍政権は、参院選大敗と自身の病気によってわずか一年で幕を下ろした。

それから五年後。後悔と自責の念にさいなまれた安倍は、新薬が効いて健康を回復し、苦手だった経済分野を克服するためブレーンを集め、同志を再結集させて奇跡の復活を遂げることになる。

「敷かれたレール」からはずれ、苦しみ抜いた末に会得した力は何ものにも代えがたい。やはり、一度地獄を見ないと「宰相修業」にはならないのかもしれない。

いずれにせよ、安倍という政治家が真価を発揮したのは、首相に再登板してからだ。官房長官時代の安倍は、「宰相修業」中の身で可もなく不可もなく、といったところだろう。

評価：★★★☆☆

安倍晋三（あべ・しんぞう）昭和二十九（一九五四）年、東京都生まれ。成蹊大学法学部政治学科卒。神戸製鋼社員を経て、父・晋太郎の秘書官に。父の死去に伴い、平成五（一九九三）年七月、衆院旧山口一区から出馬し、当選。当選回数九回。第二次森内閣で官房副長官に起用され、その後自民党幹事長、第三次小泉改造内閣で官房長官に抜擢される。

平成十八（二〇〇六）年九月、第九〇代内閣総理大臣に就任。参院選敗北と病気のため翌年退陣するも平成二十四（二〇一二）年九月の自民党総裁選で総裁に選出され、同年十二月の総選挙で自民党が圧勝、内閣総理大臣に返り咲いた。首相通算在職日数は三千百八十八日を数え、歴代最長。

第五章

毎年代わった内閣の要

菅直人内閣

智に働けば角が立つ

塩崎恭久

第一次安倍内閣、
平成18（2006）年9月26日～平成19（2007）年8月27日

夏目漱石が没してからはや一世紀以上が過ぎたが、いまだ読み継がれているのは驚異的である。つらつら考えるに、惹句の巧みさがロングセラーの秘訣かもしれない。

「草枕」の「智に働けば角が立つ」なぞ、小説を読んだことはなくても大抵の大人は、どこかで一度は聞いたことがあり、同感する人も少なくない。

たとえ自分がそうではなくても、そうそうと思い当たる人が、周りに少なくとも二、三人はいるからだ。

漱石の代表作「坊っちゃん」ゆかりの松山市・愛媛一区で連続当選を続けていた塩崎恭久という人物は、まさに「智に働けば角が立つ」男を体現している。

今も昔も政治家の子育てというのは、なかなかもって難しい。特にいつ選挙があるかわからない衆院議員にでもなろうものなら、土日の休みはなくなる。

平日は、国会審議や陳情の応対、週末は街頭演説や支援者めぐりと休む間もなく選挙運動をせざるを得ず、父親不在になりがち。

選挙近し、ともなれば、母親もあいさつ回りに忙しく（最近では選挙に一切タッチしない配偶者も増えたが）、なかなか子供を構っている暇がない。

昔なら代議士ともなれば、書生やお手伝いさんが何人もいて子供の面倒を見たものだが、今や書生もお手伝いさんも絶滅危惧種、いや事実上絶滅してしまい、祖父母が近くに住んでいない限り、子育てを誰にも頼れないのは一般家庭と同じ。

東大生の家庭教師を雇っても東大はおろか、早慶明といった有名私学に入学するのも覚束ない（難関大学に入れなくても首相にまでなった人は、あの人だけではなく、ゴロゴロいるが）。

塩崎も都立新宿高校生時代は結構、やんちゃだった。

学生運動華やかなりしころで、中核派（革命的共産主義者同盟全国委員会）系のサークルに入り、同級生で後に世界的ミュージシャンになる坂本龍一らと校長室をバリケード封鎖するなど暴れまわった。

その後は「改心」して東京大学教養学部に進学し、二十四歳で日本銀行に入行。日本銀行ではハーバード大行政学大学院に留学するなど少々遅れてエリートコースを歩み始めた。

東京帝国大学法学部から大蔵官僚となり、政界に転出した父の潤は、思春期の長男に大いに手を焼いたようだが、恭久が跡を継いで国会議員になってからは「自慢の息子」となり、官房長官に出世した息子を大いに褒めたたえた。

平成十（一九九八）年ごろから派閥横断的な勉強会である安倍晋三、根本匠、石原伸晃とＮＡＩＳの会を結成したことが抜擢のカギとなった。

とはいえ、政界への転身が遅かった父（経済企画庁長官と総務庁長官を務めたが、外相などいわゆる〇〇相には起用されなかった）が、息子に夢を託した宰相の座には届かなかった。

智に働けば角が立ってしまったのである。官房長官時代の彼を何度も取材したことがあるが、朝五時には起きて、早朝から各役所の担当者に当時は珍しかった電子メールで指示を出していた。土日も休まず働き、役所から上がってきた報告書にこまごまとしたダメ出しをしていたのが印象に残っている。

噂通り頭脳明晰で、才気があり、仕事熱心だったのではあるが、彼と年齢の近い東大法学部卒のエリート官僚たちと、どうでもいいようなことで張り合っているようにも見えた。同じ東大でも法学部と教養学部では、気風が違った。残念だったのは、今風に言えば

「上から目線」的な言動が目立ち（官僚だけでなく、番記者に対してもそうだったが）、「これでは部下はついてこないな」と感じたのも事実だ。

政治的動きも「先が見える」だけに、つい前のめりに動いてしまったのも足かせとなった。

官房長官になる以前の話ではあるが、森喜朗政権での、内閣不信任案をめぐって元官房長官の加藤紘一が、反旗を翻そうとして鎮圧された「加藤の乱」でもお公家集団と揶揄されていた加藤派の先頭に立って倒閣運動に邁進したのだが、加藤が腰砕けになると、さっさと派閥を飛び出してしまった。

官房長官退任後も麻生太郎政権で、リーマン・ショック後の経済政策を憂いて、茂木敏充、世耕弘成とともに「速やかな政策実現を求める有志議員の会」を立ち上げたのはいいが、政局的には「麻生おろし」の片棒をかつぐことになった。

案の定、麻生の不興を買ってしまい、第二次安倍政権で厚生労働相に起用されたものの、「塩崎待望論」が自民党内で湧き起こることはついぞなく、いつの間にか古希を迎えるに至った。

つらつら考えるに、「坊っちゃん」の如く既成秩序に反発し、十代で早くも学生運動で名をはせた男に、義理と人情の世界が色濃く残る自民党は似合わなかった。

歴史にイフはないが、もし彼が自民党を若いころに飛び出して野党に転じていたらどうなっていただろうか。

少なくとも民主党の総理候補にはなれていたのではなかろうか。あくまでも妄想に過ぎないが。

評価：★★☆☆☆

塩崎恭久（しおざき・やすひさ）昭和二十五（一九五〇）年、松山市生まれ。東京大学教養学部卒。ハーバード大大学院修了。日銀職員を経て平成五（一九九三）年愛媛一区から出馬し、当選。第二次安倍政権では厚労相を務めた。父は塩崎潤元総務庁長官。

がんに倒れた無念の才人

与謝野馨

第一次安倍改造内閣、
平成19（2007）年8月27日〜平成19（2007）年9月26日

平成・令和を通じて真の意味で「才人政治家」と呼べる人は、この人ぐらいだろう。

彼に比べれば、宮沢喜一でさえ、霞んでしまう。確かに宮沢は、頭脳明晰、国会の本会議場では英字新聞しか読まないいくらい英語に堪能で、大蔵省出身もあって財政にも精通していたが、安全保障問題は苦手にしており、万能ではなかった。ついでに書けば、趣味の可動域も狭かった（酒は好きだったが、酒癖はかなり悪かった）。

その点、与謝野は経済から環境問題、安全保障から社会保障まであらゆる政策に通暁していた。

あまり知られていないが、湾岸戦争後の平成三（一九九一）年、ペルシャ湾に自衛隊掃海艇が派遣されたのは、国会対策副委員長だった与謝野の発案からだった。

当時の国対委員長は剛腕で知られた梶山静六。ある日、雑談の中で「日本は湾岸戦争に資金面で多大の貢献をしたのにまったく評価されていない」とぼやいたのを、与謝野が「掃海艇派遣という手があります」と応じたのが始まりだった（これから先の話は、梶山官房長官の項で詳述している）。

自衛隊にとって初めての海外実任務であり、日本の安全保障政策の一大転機となった政策が、与謝野のアイデアからスタートしたのはもっと知られていい。

趣味も幅広く、シュテファン・ツヴァイクの「ジョセフ・フーシェ」を原書で読み、自民党が下野した細川護熙政権のときは、自民党本部や個人事務所に陳情客がとんとこなくなり、物理の勉強をし直して無聊《ぶりょう》をかこっていた。パソコンも部品を秋葉原まで買いに行き、自分で何台も組み立てたほどＩＴにも通じていた。

それだけではない。

囲碁はプロ級で、福田康夫政権で自民党と民主党との「大連立」騒動のさ中、キーマンである小沢一郎と碁を打ち、不自然でない負け方をするという芸当までみせた。中でもことのほか麻雀を好んだ。

よって病に倒れるまで毎晩帰りが遅く、新宿区にあった自宅前で主人の帰りをひたすら待っていた番記者たちは、あまりの暇さにハイヤーから降りて（リーマン・ショックごろまでは、新聞社もテレビ局も余裕があり、どんなに若い記者でもハイヤーで取材していた）くだらない噂話に花を咲かせていた。

よほど腹に据えかねたのだろう。

ある晩、番記者たちの前には滅多に姿を現さない令夫人が、玄関の外（古い一戸建てだったが、そんなに広くなかった）までつかつかと出てきて、「いま、何時だと思ってるんですか。ご近所迷惑だからさっさと帰りなさい！」と我々を叱りつけた。

今にして思えば、令夫人の言い分はもっともで叱られて当たり前なのだが、当時の私は、若気の至りでこう言い返した。

「こちとら（こういうときだけ江戸弁になる）、好き好んでこんなところで待ってるんじゃねぇよ。お宅の旦那が家に帰りたくないもんだから、こんな時間までこうして待たしてもらってるだけだ！」

令夫人の怒りの炎に油を注いだのは言うまでもない。ほどなく、番記者との懇談は、自宅の応接間でやることはなくなり、近くのファミレスで午後十一時ごろから時間を決めて開かれるようになった。

政界きっての才人は、政界きっての恐妻家でもあった。

余談だが、毎晩のように卓を囲んだ麻雀仲間の一人に塚原俊平がいた。百キロを超す巨体で愛嬌があり、なぜか当選同期の与謝野とウマがあい、若くして通産相に抜擢されたほど政治力もあった。その彼が、心筋梗塞によって五十歳で急逝してしまったのは、本人や家族だけでなく、与謝野にとっても痛恨事だったに違いない。

才人であるがゆえに（？）先が見えすぎ、選挙に弱く（三度も落選している）、仲間づくりとカネづくりが下手だった与謝野の足らざるところを彼が補えば、「与謝野首相」誕生も夢ではなかったと、私は今でも思っている。

政治家として脂が乗りきり、総理総裁を目指そうとしたときに病魔に襲われたのも不運だった。ことに晩年はがんとの壮絶な闘いに明け暮れた。

最初の長期入院は、第一次安倍政権で自民党税調会長を務めていた平成十八（二〇〇六）年。喉頭がんが発見され入院し、税調会長を辞任した。

およそ半年間、政治活動を休んだが、活動を再開して間もなく第一次安倍改造内閣で塩崎恭久の後任の官房長官に起用され、「奇跡の復活」とメディアは囃《はや》し立てた。

当時、後任には自民党総裁選で首相支持派の中核だった菅義偉か派閥の先輩である町村信孝の起用が噂されていたが、菅は当時、事務所費問題を抱えており断念。同じ派閥とはいえ、町村との関係は良好とは言えず、派閥を超えて親しかった与謝野に白羽の矢が立ったのだ。

ところが、今度は起用した安倍が、病に倒れてしまった。与謝野の官房長官在職期間はわずか一カ月（三十一日）と短く、仕事らしい仕事はできなかったが、「与謝野官邸」と揶揄されるほど、首相官邸を取り仕切り、安倍政権の幕引きに獅子奮迅した。

続く福田康夫、麻生太郎両政権では経済財政政策担当の内閣府特命担当相に起用され、麻生政権の途中からは財務相に就任した。

麻生政権で臨んだ総選挙に敗れて自民党が下野し、民主党政権が誕生すると、麻雀仲間でもある平沼赳夫らと自民党を離党し、平成二十二（二〇一〇）年に「たちあがれ日本」を結党した。

しかし、長続きせず、民主党の連立呼びかけに与謝野だけが応じて、菅直人政権で経済財政政策を担当する内閣府特命担当相に起用され、「裏切者」と自民党などから大バッシングを受けた。

当時は、私も彼を「変節漢」として軽蔑していたが、自らの死期が迫っていることを悟っていたのだろう。

「死ぬまで国家のため全力で仕事に取り組みたい。声がかかれば自民党でも民主党でも関係ない」という心境だったのではないか。

事実、菅政権が終焉を迎え、大臣を退任した後に再び入院し、咽頭がんの修復手術で声を失った。

その後、気管食道シャント法という難しい手術を受け、懸命のリハビリによって声を回復させるのだが、まさに鬼気迫るものがあった。

歴史にイフがあろうはずもないが、もし安倍が第一次政権の最初から塩崎ではなく、与謝野を官房長官に起用していたなら平成・令和の政治はまったく違ったものになっていたはずだ。

人事は、まさに政治そのものである。

評価：在任期間が短く評価不能

与謝野馨（よさの・かおる）昭和十三（一九三八）年東京生まれ。平成二十九（二〇一七）年没。東京大学法学部卒。日本原子力発電社員、中曽根康弘秘書を経て昭和四十七（一九七二）年、衆院東京一区から出馬するも落選。昭和五十一（一九七六）年の衆院選で初当選を果たす。官房長官のほか、文相、通産相、内閣府特命担当相、経済財政担当相などを歴任。祖父母は歌人の与謝野鉄幹・晶子。

父に出馬を反対された「世襲議員」

町村信孝

福田康夫内閣、福田康夫改造内閣、
平成19（2007）年9月26日～平成20（2008）年9月24日

頭も良く、先見の明もあり、しかも世襲議員という恵まれた環境にありながら、志半ばで政界を去っていった国会議員は少なくない。

町村信孝という政治家もそんな「悲運の政治家」の一人である。

世襲にあらずんば、国会議員にあらず。

ことに日本の総理大臣になるためには、世襲議員であることが必須条件であるかのような錯覚を覚える。

二十一世紀に入ってからの二十年間（平成十三年一月から令和二年十二月）で、野田佳彦ら「非世襲議員」四人が首相の座にあった期間は、あわせてもわずか三年二カ月。率にして一五・八％。要するに八四・二％は、小泉純一郎、安倍晋三ら世襲議員が、首相を務めた計算になる。

なぜそうなってしまうかは、様々な要因があるが、衆院当選一回で首相になった細川護熙という例外はあるものの（参院議員、熊本県知事という政治キャリアは積んでいた）、議院内閣制の日本において当選回数を重ねることが、重要ポストに就く最低条件になる。父や祖父から選挙地盤を引き継いだ世襲議員は、何の地盤もなく徒手空拳から選挙運動を始めなければならない他の候補より格段に恵まれた状態で選挙に臨め、当選回数を重ねることが比較的容易にできる。

つまり、「首相レース」のスタートから大きな差がついているのだ。

そうした「世襲天国」日本にあって、息子の政界入りに反対した父親もいた。

町村信孝の父、金五である。旧内務省官僚として勇名をはせた父は、昭和二十（一九四五）年の終戦直前に時の首相、鈴木貫太郎に請われて警視総監に就任した。

敗戦で物情騒然とする帝都の治安をしっかり守ったが、ＧＨＱ（連合国軍総司令部）によって公職追放の憂き目にあう。

公職追放が明けた後、衆院議員を四期務めた後、北海道知事となった。知事退任後も参院議員として活躍するが、このころ、信孝は務めていた通産省を辞め、衆院選に出馬しようと父に相談する。

「しっかりやれ！」と激励されると思いきや、金五は「君は本当に国会議員なんぞになりたいのか。あまり感心しないね。一生涯、官僚として国家・国民に尽くすべきではないか」と厳しく諭したという。

戦後の公職追放によって、警視総監を最後に心ならずも霞が関から放逐された金五は、やむなく政界に身を投じたといえる。息子には官僚の頂点、事務次官を目指してほしかったのではないか。

もうひとつ、信孝には忘れられない父との思い出があった。

父の知事時代、高校生だった信孝が留守番をしていると、菓子箱が送られてきた。ちょうど小腹が空いていた彼が、勝手に箱をあけて菓子をとりだすと、底には札束がぎっしりと詰まっていた。

帰ってきた金五は、烈火の如く怒り、贈り主を呼びつけて突き返した。

よほど信孝にとって印象深かったのだろう。番記者にも幾度となく語っていた。

父の教えゆえだろうか。大きなスキャンダルに巻き込まれることもなく、衆院議長という議会の最高ポストにも就いて生涯を終えたが、人心掌握術はいまひとつだった。

何しろ子分をつくるのが下手だった。

第一次安倍晋三内閣が発足したとき、森喜朗は、清和会会長の座を町村に譲ったが、その座を町村はうまく使えなかった。

翌年、安倍が病に倒れ、「ポスト安倍」を決める自民党総裁選の候補を派内で選ぶときに「町村総裁待望論」は、大きなうねりにはならず、福田康夫が後継に選ばれた。

当時、清和会の若手議員は「町村さんと親しく飲んだことは一度もない。いくら安倍さんが首相を辞めたからといって、じゃあ町村さんを担ごうという空気は全くなかった」と語っている。

福田政権発足とともに、官房長官に就任したが、首相と官房長官の連携は、必ずしもとれていなかった。参院で与党が過半数割れする「衆参ねじれ」の中、首相と民主党の小沢一郎との間で進み、失敗した「大連立」騒動も官房長官の頭越しに行われた。首相官邸がしっかりとした政策を打ち出す環境になかったのは、彼にとっても残念なことであった。

その後、安倍が勝利した平成二十四（二〇一二）年の自民党総裁選に挑戦したが、選挙戦中に倒れ、票数は伸びずに惨敗した。

同じ世襲議員ながら、安倍、福田という同じ清和会の「二大ブランド」に敗れ去ったのである。

総裁選敗北から三年後、町村は脳梗塞によって七十歳の若さで、この世を去った。

あの世で父は、息子をねぎらいつつも「俺の言った通り、役人を続けていればよかったろ」と声をかけたのではなかろうか。もちろん、これは妄想である。
評価は、彼の官房長官時代のものであり、小泉内閣の外相時代には、対中ODA廃止などを主導し、小泉外交を支えた功績大だったことを付言したい。
彼は「保守の論理　凛として美しい日本をつくる」（PHP研究所）という著作を遺しているが、彼の目指した「小さい政府」を基本とした「保守」の精神が、わかりやすく説かれている。ことにインテリジェンスや教育改革の重要性を強調、具体的な提案をしている箇所は、いまも古びていない。はや七回忌も過ぎたが、再評価されてしかるべき政治家ではある。

町村信孝（まちむら・のぶたか）昭和十九（一九四四）年静岡県生まれ。平成二十七（二〇一五）年死去。東京大学経済学部卒。昭和四十四（一九六九）年、通商産業省に入省。昭和五十八（一九八三）年、旧衆院北海道一区から出馬し、初当選。橋本内閣で文部大臣として初入閣。小渕内閣では大臣経験者としては異例の外務政務次官に。その後、初代の文部科学大臣、外相、衆院議長などを歴任。父は、北海道知事、自治相などを務めた町村金五。

評価：★★☆☆☆

文教族、リーマンの嵐に沈む

河村建夫

麻生内閣、
平成20(2008)年9月24日～平成21(2009)年9月16日

保守王国である長州、山口県は世襲王国でもある。

衆院山口一区は外相を務めた高村正彦の長男である正大（祖父も衆院議員）、二区は岸信介の孫・岸信夫（もちろん兄は安倍晋三）、四区は安倍晋太郎の次男にして岸信介の孫である安倍晋三。

山口県選出の参議院議員もそう。江島潔の父、淳は参院議員だったし、林芳正に至っては、自民党宏池会の重鎮だった父・義郎をはじめ親子四代にわたって国会議員を務めている。

ただ一人、父が国会議員でないのは、衆院山口三区（宇部市や萩市など）の河村建夫だけだった（令和三年十月一日現在）。

中選挙区時代、中曽根康弘、福田赳夫と同じ選挙区で戦った小渕恵三は「ビルの谷間のラーメン屋」と自虐的に称したが、河村も似たような境遇に置かれている。

その山口三区に世襲議員の典型のような林芳正が殴りこんできたわけだから、たまったものでない（河村も息子を後継者としようとしていたが）。令和三（二〇二一）年の衆院選で最も注目される選挙区になったが、結局不出馬に追いこまれた。

さて、官房長官時代の彼の事績を書こうとして、はたと困った。

「文教族」としての彼は、「教育改革こそさまざまな改革の中で一番大事だ」と会う人ごとに説いてまわるほど熱心に文教行政に携わり、文部科学大臣も副大臣も務めている。

平成九（一九九七）年には、慶應義塾塾長（当時）の鳥居泰彦、数学者の広中平祐らと真剣に教育問題を語り合った対談集「この時代の教育の心―真の改革の姿を求めて」（リバティ書房）まで出している（対談相手になぜか田中真紀子もいるが）。

一方で、官房長官としての河村健夫の仕事ぶりや会見での発言は、正直な話、どうもよく思い出せない。

麻生政権が一年持たなかったのが、主な要因だが、それだけではない。

日本では、国会で首相が指名されると、首相官邸に首相と与党幹部らが集まって組閣本部が設置される。そこで新内閣の布陣が決まると、新大臣の官邸への呼び込みが始まり、すべての新閣僚に連絡がついた時点で、閣僚名簿を官房長官が記者会見して発表するのが慣例となっている。

世間の注目度も高く、新官房長官にとって最初の見せ場である。

ところが、麻生政権では、閣僚名簿の発表を首相の麻生太郎自らが、個々の大臣を起用した理由まで明かすサービス付きで執り行った。

出だしから影が薄かったのである。

そもそも首相と同じ派閥ではない河村が、官房長官に起用されたこと自体、異例中の異例だった（ポスト竹下で急遽、登板した宇野政権などごく少数）。

河村は、麻生と同じ「文教族」であり、親しい間柄だったとはいえ、側近中の側近というわけでもない（側近だったらとっくの昔に麻生派に入っている）。

この本を書いている令和三年時点でも、河村が会長代行を務める二階派の会長、二階俊博と麻生との間をとりもち、定期的に夕食会を開いていることからも麻生との友好関係は保っているが、関係が濃いとまではいえない。

平成二十（二〇〇八）年九月、「ポスト福田」を争った自民党総裁選は、候補が乱立し、福田康夫の退陣表明が唐突だったことも手伝って各派閥は表だった動きを控えた。そんな中、志帥会は派閥の総意として麻生をいち早く推した。河村の官房長官起用は、その論功行賞的意味合いが強かった。

一方で、河村は、麻生と盟友関係にあり、同じ山口県選出の安倍晋三とは微妙な関係にあった。

そもそも河村は、安倍と同じ清和会に属していた。

ところが、平成十（一九九八）年、清和会内部で森喜朗と亀井静香の主導権争いが激化し、亀井が退会した。

亀井グループに属していた河村も中川昭一、平沼赳夫らとともに清和会を退会し、村上正邦、伊吹文明ら旧渡辺派の面々と合流して志帥会をつくった。

ここで、安倍と疎遠になってしまったのである。

志帥会は、後に合流した二階俊博に「ひさしを貸して母屋をとられ」（志帥会メンバー）、二階派に衣替えしたわけだが、河村は二階派の番頭役として生き残った。それはまた、後の話。

話が横道にそれかけた。

「官房長官は首相の女房役」というのは言い得て妙で、「官房機密費」という官邸の財布の紐を握っているのは、女房役の官房長官なのである。

政治の場で、カネは「実弾」と呼ばれ、今も昔も政治の動向を左右する大切な「武器」

である。

この武器を政局のどういう場面で誰にどう使うか、できる官房長官はいちいち首相と相談しない。ほとんどが事後報告であった、と某官房長官経験者は語っている。

他派閥出身の長官では、この阿吽《あうん》の呼吸がどうしてもできにくい。

麻生としては、当時麻生派が少数派閥であったこともあり、官房長官も自民党幹事長（清和会の細田博之）も他派閥に委ね、挙党一致で、新政権発足直後に想定していた総選挙を勝ち抜き、その後に自前の政権をつくろうとしたのかもしれない。

だが、麻生のもくろみは脆くも崩れた。自民党総裁選のさなかに始まったリーマン・ショックの黒雲が、瞬く間に日本を襲い、株価は急落、金融機関は動揺し、急ぎ大規模な経済対策を打つ必要に迫られた。このため政権発足直後の衆院解散に踏み切れなかったのである。

麻生が打った景気対策は、エコポイントなど効果的な施策もあったが、世界的な不況の波をもろにかぶって日本経済は失速した。

「文教族」として教育問題には一家言ある河村だが、経済は得意分野と言えなかった。そこへもってきて麻生の奔放な発言は止まず、河村は「バランス感覚をもって発言してもらうことは必要だ」などと、記者会見で毎日のように釈明に追われた。

自民党は麻生政権発足から一年後の総選挙で惨敗し、下野した。

自民党が政権を奪回した後、麻生は副総理兼財務相として復活するが、麻生政権で苦労した河村は報われたとは言い難い。

政治の世界は、なんとも不公平な世界ではある。

評価：★★☆☆☆

河村建夫（かわむら・たけお）昭和十七（一九四二）年、山口県生まれ。慶應義塾大学商学部卒。石油会社社員を経て昭和五十一（一九七六）年から山口県議。平成二（一九九〇）年、衆院旧山口一区から出馬し、当選。小泉内閣で文部科学大臣として初入閣。麻生内閣で官房長官を務めた後、衆院予算委員長などを歴任。

宇宙人に仕えた普通の人

平野博文

鳩山由紀夫内閣、
平成21（2009）年9月16日〜平成22（2010）年6月8日

平成から令和にかけて官房長官を務めた政治家は三十人を数えるが、就任までの間に閣僚や副大臣、内閣官房副長官といった政府の要職を経ず、いきなり官房長官に抜擢されたのは、この人しかいない。

それだけに就任当初から、見ること聞くこと初めてのことばかりで、官邸スタッフとの接し方も苦労していた。

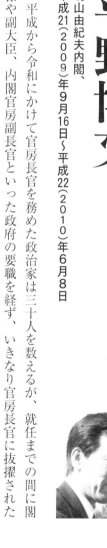

しかもこれまた主要な閣僚経験もなく、首相の座に就いた鳩山由紀夫に振り回され、苦労は絶えなかったが、在任中に親分の悪口を一切、口に出さなかったのは偉かった（鳩山政権の末期は、民主党幹部の多くが露骨にボスの悪口を言っていた）。

国民の熱い期待を背負って平成二十一（二〇〇九）年九月、空前の高支持率でスタートした民主党政権だったが、期待が失望に変わるのも早かった。

鳩山は、「博愛」を表看板にし、空理空論を唱えるのは得意だったが、日々刻々と変わる現実の世界をコントロールできなかったのである。

端的な例が、普天間米軍基地移転をめぐるドタバタ劇だった。

「最低でも県外」と大見栄を切ったまでは良かったが、何のことはない。当時の米大統領オバマに「トラストミー（私を信じて）」とすがったのは、世界中の物笑いになった。

「最低でも県外」発言をしたときに、側近であるはずの官房長官と事前の打ち合わせを何もしていなかったというから、手の施しようもない。

もともと平野は日米安保維持派で、自民党政権時代の辺野古移設案でやむなしの考えだっただけに、辺野古以外の代替案は官邸内で何も検討されていなかった。

つまり、鳩山と平野のコミュニケーションが十分とれていなかったのだ。

民主党幹事長が、小沢一郎だったのも官房長官の存在感を薄くしたのは間違いない。

鳩山は「政策決定の内閣への一元化」を唱えてはいたが、実態は党と政府の「権力の二重構造」が顕著だった。

税制など重要な案件は、小沢がウンと言わなければ進まず、「党高政低」といっても過言ではなかった。

平野も鳩山と小沢のパイプ役を務めようとしたようだが、うまくいったとは言い難い。ただ、このときに築いた小沢との関係がいまだに生きているのは彼の人徳だろう。当時は、官房長官の主な役割の一つである官邸と与党との調整役を果たせなかったが。

鳩山内閣がわずか九カ月しか持たなかった主な原因として、鳩山の人間離れした宇宙人的パーソナリティとともに、「弱い官邸」と「影の薄い官房長官」が挙げられたのもやむを得ない。

では、官房長官としては失格だった平野が、政治家としてまったくダメかといえば、そういうわけでもない。

衆院選で初当選を飾った平成八年、平野は選挙向けに自らのPRを兼ねて「歩け！ ゾウガメ　一人一万歩の政治改革」（ビレッジプレス）という本を上梓している。

市民とともにテクテクドンドンと、地域をテクテク歩き、地域の政治課題をドンドン考えようというウォーキングイベントを実行した記録を本にしたものだが、いま読むと新鮮だ。

政治にそっぽを向いている大多数の有権者に何とか政治に興味を持ってもらい、「市民の新しい政治参加」の方策はないかと苦闘していた彼の初心が伝わってくる。

ただ、官房長官時代の歩みは、経験不足というハンディもあって書名のゾウガメのごとくのろかったのも確か。

やはり野に置けレンゲ草、というわけか。

評価は、「宇宙人」だったボス・鳩山に仕えた苦労ぶりを加味して、少し下駄をはかせた。

評価：★★☆☆☆

平野博文（ひらの・ひろふみ）昭和二十四（一九四九）年和歌山県生まれ。中央大学理工学部卒。松下電器産業（現・パナソニック）入社後、中村正男衆院議員秘書に転身。平成八（一九九六）年衆院大阪十一区から無所属で出馬し、当選。民主党結党に参加し、国会対策委員長代理、幹事長代理などを歴任。官房長官退任後、野田内閣で文科相を務めた。

団塊の星、影の総理になる

仙谷由人

菅直人内閣、菅直人内閣第一次改造内閣、
平成22（2010）年6月8日〜平成23（2011）年1月14日

団塊の世代で学生運動にのめりこみ、社会人になって成功した人物には、共通の「傾向」、もっと文学的に書けば、同じ「匂い」がする。

むやみに徒党を組みたがり、へ理屈をこね、上昇志向が強く、相手を完膚なきまでに叩き潰さんとする「闘争」が大好きな半面、情にもろい。

仙谷由人は、良くも悪くも全共闘世代を代表する政治家だった。

官房長官在任中、保守派から「赤い官房長官」と揶揄されたように、大学生時代はバリバリの活動家だった。

仙谷が東京大学に入学した一九六〇年代は学生運動の全盛時代で、新左翼に「かぶれる」学生が続出していた。

六〇年安保闘争後、日本共産党から飛び出し、新左翼と称されたグループがキャンパスの主流となり、仙谷は安東仁兵衛らが創立した「統一社会主義同盟」の学生組織である「社会主義学生戦線」（「フロント」と呼ばれた）にはせ参じた。

ただ、ゲバ棒を振り回すような武闘派ではなかったようで、昭和四十四（一九六九）年一月の東大安田講堂攻防戦では、「仙谷は講堂の中にはおらず、救援対策や弁当の差し入れなどをおこない、学生活動家仲間からは『弁当運び』のあだ名をつけられていた」（『陰の総理・仙谷由人VS.小沢一郎』大下英治著、徳間文庫）。

それもそのはずで、仙谷は前年、東大在学中に司法試験に合格しており、安田講堂に籠って警察に逮捕されるわけにはいかなかったのである。

昭和四十六（一九七一）年から弁護士活動をスタートさせたが、日教組と自治労を中心とした労働組合がらみの案件を多く扱い、警視庁機動隊庁舎などが狙われたピース缶爆弾事件では、被告に無罪判決をもたらした。

しかし、弁護士活動だけでは、世直しができないとばかり、平成二（一九九〇）年の総選挙で社会党から立候補し、見事当選した。

議員生活をスタートさせるや否や、同じ社会党一年生議員で東大安田講堂に籠り、警察の厄介になった松原脩雄《しゅうお》らと「ニューウエーブの会」を立ち上げ、松原のおだてに乗って会長を務めたのも因縁めく。

ニューウエーブの会は、政策提言だけではなく、矢継ぎ早に労組依存で旧態依然たる社会党執行部に改革を迫り、一躍メディアの寵児となった（松原とは、安全保障政策をめぐって袂を分かつのであるが）。

初当選時から自民党幹事長だった小沢一郎を意識しており、「おれは小沢一郎と徹底的に戦う。敵は大きければ大きいほどやりがいがある。新聞やテレビも、とりあげてくれるからな」（前掲書）と東大法学部同窓で弁護士でもある谷垣禎一に語ったという。事実、仙谷は野党の立場から厳しい小沢批判を展開し、のちに民主党で同志となった後も「反小沢」路線を変えなかった。

そんな時代の寵児も次の衆院選であっさり落選してしまう。当時、社会党は徳島全県区に二人の候補を擁立しており、社会党の退潮だけでなく、労組票の割り振り失敗もあって共倒れしてしまったのである。

人生はあざなえる縄のごとし。

落選が結果的に吉と出た。総選挙直後に発足した非自民の細川連立政権に参加できなかったのは無念だったろうが、落ち目の社会党を早々に見限ることができ、鳩山由紀夫、菅直人が中心となって立ち上げた旧民主党の創設メンバーになれたのである。

平成八（一九九六）年の総選挙で、旧民主党から立候補し、返り咲いてからの活躍は目覚ましかった。

旧民主党にせよ、その後の民主党にせよ、頭がよく、発言も格好いいのだが、実行力の伴わない「言うだけ議員」が圧倒的に多かった党内で、仙谷だけが頭が切れて腹も座っていたからだ。

政権交代を実現させた平成二十一（二〇〇九）年の総選挙で、民主党が合言葉にした「コンクリートから人へ」というキャッチフレーズも仙谷が考え出したものだ。

菅直人政権で官房長官に起用されると、菅の片腕として閣僚や党役員人事まで牛耳り、「影の総理」と称されるほどの実力者となった。

だが、好事魔多し。

平成二十二（二〇一〇）年九月七日、尖閣諸島沖で起きた海上保安庁の巡視船と中国漁船の衝突事件が、民主党と仙谷の運命を暗転させた。

結論を先に書くと、官房長官だった仙谷がすべての泥をひっかぶったのである。

巡視船が漁船を拿捕し、中国人船長を石垣港へ移送しているとの一報を受けた仙谷は、官邸に国土交通省や外務省の担当官を集めた。

仙谷は、小泉政権時代に尖閣諸島に不法上陸した中国人を送検前に強制送還した事例を参考に、中国人船長を「大局的観点から」早々に送還するのも選択肢だと考えていた節がある。

とはいえ、巡視船が沈没しかねないほどの衝突を繰り返した船長の行為は、悪質そのものだった。

仙谷の「同志」でもある国交相の前原誠司が、電話で「海上保安庁長官から逮捕相当との意見具申があった。私もそう思う。あとは官邸でご判断ください」と逮捕の上、起訴するよう主張したのも大きかった。折あしく外相の岡田克也がドイツ外遊中で、菅もこのときは、前原の示した方針に賛成し、船長は逮捕、起訴された。

これに対し中国は、対抗措置としてフジタ社員を「軍事施設を撮影していた」と言いがかりをつけて拘束しただけでなく、日本へのレアアース輸出も停止した。

こうした中国の強硬姿勢に「菅官邸」は、あっさり屈服した。

九月二十四日、那覇地検は中国人船長を処分保留で釈放したのである。

仙谷は記者会見で「検察官の総合的な判断だ」と言いつくろったが、誰も信じなかった。

政界引退後に仙谷は、時事通信のインタビューに「(法務事務次官に対し)政治的、外交的問題もあるので自主的に検察内部で身柄を釈放することをやってもらいたい、というようなことを僕から言っている」と明かしている。

あからさまな政治介入だったことを認めたわけだが、「主犯」は彼ではなかった。

当時の私は、「すべては仙谷の決断で釈放が決まり、首相の菅は追認しただけに過ぎない」と思い込んでいた。

那覇地検が船長を釈放した九月二十四日、菅は国連総会出席のためアメリカにいたからだ。「影の総理」のイメージにも惑わされていた。

事実は、当時外相だった（内閣改造で国交相から横滑りしていた）前原が、事件から十年後に、産経新聞記者に「真相」を次のように語っている。

訪米直前の二十一日、首相が公邸に外相や外務省幹部を呼んで開いた国連総会へ向けた勉強会の席上、菅が「釈放しろ」と強い口調で命令したのだ。

「なぜ」と前原が尋ねると、菅は十一月に横浜で開かれるＡＰＥＣ（アジア太平洋経済協力会議）首脳会議に「（中国の）胡錦濤主席が来なくなるから」と答えた。

前原が「来なくてもいいではないか」と反論すると、「俺がＡＰＥＣの議長だ。言うとおりにしろ」と声を荒らげ、前原が仙谷に「首相の指示は釈放だ」と伝えたという。

結局、仙谷は前原を通じて間接的に指示された通り、法務省に釈放を「指示」したわけだが、面と向かって上司である首相が部下の官房長官に指示できなかったのである。

このときすでに首相と官房長官の関係が冷え切っていたことがわかる。翌年一月の内閣改造で再任されなかったのもむべなるかな。

歴史に「もしも」はないが、衝突した際のビデオ映像をさっさと公開し、粛々と船長に法の裁きを受けさせていたらどうなっていただろう。

確かに胡錦濤は来日しなかっただろうし、中国はさらなる対抗手段を講じただろうが、最後は折れてきた可能性は高い。第一、内閣支持率は急上昇したはずである。

民主党政権は、翌年起きた東日本大震災に対応しきれなかったから崩壊した、とよく言われるが、漁船衝突事件への対応を誤ったことのダメージの方が大きい、と私は考える。彼自身も「影の総理」から「表の総理」になるチャンスは、漁船事件で永遠に摘まれてしまった。

旧態依然たる大学や自民党と社会党による馴れ合いの五五年体制、そして強権的手法の剛腕・小沢一郎とはよく戦ったが、赤い巨人・中国とは遂に戦えなかったということか。

東日本大震災後、官房副長官という「降格」も気にせず震災復興に力を貸すため首相官邸に舞い戻った仙谷に中国から北京訪問の誘いがあったという。

民主党政権の実力者だった仙谷を懐柔しようとしたのだろうが、彼は断った。

民主党政権が終焉を告げてから六年後、肺がんによって七十二歳の生涯を閉じた。

政界引退表明後、親しい人々は、波乱に満ちた彼の生涯を後世に伝えるため自伝を書くようしきりと勧めたが、一切応じなかったという。これまた全共闘世代らしい引き際である。

評価：★★☆☆☆

仙谷由人（せんごく・よしと）昭和二十一（一九四六）年、徳島市生まれ。平成三十（二〇一八）年没。東京大学在学中、全共闘の新左翼系運動家として活動。司法試験に合格して東大中退。弁護士を経て平成二（一九九〇）年、社会党公認候補として衆院徳島全県区から出馬し、当選。平成五（一九九三）年の衆院選で落選後、旧民主党に参加した。民主党では、前原誠司、枝野幸男らと「凌雲会」を結成、鳩山内閣では行政刷新担当相として初入閣する。官房長官退任後は民主党代表代行などを歴任。平成二十四年の衆院選で落選し、政界を引退した。

菅直人を止められなかった男

枝野幸男

菅直人第二次改造内閣、
平成23(2011)年1月14日〜平成23(2011)年9月2日

わずか三年三カ月余と短かった民主党政権での首相在任期間は、平均一年一カ月だが、その間官房長官は四人が務め、在任期間の平均は十カ月にも満たない。

そんな四人の中で、最も強く印象に残っているのが、枝野である。

むろん、好印象ではなく、個人的には悪い方の印象が強かったのだが。

四十六歳という若さで、菅直人政権の官房長官に起用された枝野が、国民に職責への「一生懸命さ」をアピールできていたのは確かである。

平成二十三（二〇一一）年三月十一日に起きた東日本大震災では、首相官邸に泊まり込み、文字通り不眠不休で職務に当たった。仙台にキャンパスのある東北大学出身だけにより使命感に燃え、肩に力が入っていたのは、記者会見に出席しただけでよくわかった。

ネットには「枝野寝ろ！」「和製ジャック・バウアー（米テレビドラマ「24」の主人公）だ」といった好意的な書き込みが多かったと記憶している。

だが、結果としてはいくつもの致命的な判断ミスを犯してしまった。

まず第一が、首相の福島第一原発行きを身体を張って止められなかったことである。震災発生の翌日早朝、菅は独断で危機が迫る福島第一原発へ自衛隊ヘリで向かった。首相自らが現場に乗り込み、メルトダウンを未然に防いだ、という夢物語を描いたのだろうが、現場を混乱させただけなのはご存じの通り。

戦争や大震災など国家的厄災が起きたときの鉄則は、刻々と変わる事態に対応するため、最高責任者である首相たる者、心身を常に冷静に保ち、軍（自衛隊）や官僚に的確な指示を下せる安全な場にいなければならない。

これは、危機管理のイロハのイである。

原発事故が起きかねないという国家的危機の場合はなおさらで、担当相を現場に急派するならまだしも、首相自らが現場に赴くのは、真珠湾攻撃の最中に航空母艦へ激励に行くようなものだ（山本五十六連合艦隊司令長官だって攻撃当時、日本国内にいた）。

十年後、枝野はこう述懐している。

「（菅を乗せたヘリコプターが官邸を飛び立った）その直後、万一の場合が頭をよぎり、私は背筋が寒くなった。私は総理大臣臨時代理順位の第一位、総理に万一のことがあれば、この空前の危機に、トップリーダーとして対応しなければならない。発災直後から、官房長官として、すべての責任を背負ってこの危機に対応するのだと、腹を据えていたつもりだったし、その時点では、専門家から原子力発電所が爆発する可能性はないと言われていたが、官房長官等の閣僚とは比べものにならない、総理が背負っているものの重さを、初めて、みずからのこととして垣間見た瞬間だった」(「枝野ビジョン　支え合う日本」枝野幸男著、文春新書)

本人の述懐を信じるならば、「万一の場合」に思いを巡らせたのが、首相の出発後では遅過ぎる。この一点で官房長官の任務を執行する資格がない。

首相は前夜から、「福島第一原発に朝一番で行く」と枝野らに命じていた。そのときに、官房長官は「万一の場合」を説いて全力で止めねばならなかった。

結果論ではなく、首相が原発事故に巻き込まれる可能性はかなりあった。そればかりでなく、大震災発災翌日の午前中に官邸を首相が留守にしたことで指示系統が混乱したのである。

第二は、大気中の放射能濃度をかなり正確に予測していた緊急時迅速放射能影響予測ネットワーク(SPEEDI)の情報を発災直後、国民に公開しなかったことである。

ＳＰＥＥＤＩ情報が公開されていたならば、福島第一原発の周辺住民が、わざわざ高濃度の地域に避難しなくてすんだ。この一件が、避難した住民を不安にさせ、風評被害を広げる一因となったのである。

では、彼はどう弁明しているのか。

前掲書では、「個別にはご批判があるのは当然だし、特に被災当事者の皆さんに対しては忸怩たる思いだが、当時の情報発信について、できることは最大限したと思っている」としている。

同時に「私のデスクには、新しい情報を伝えるファクスのコピーが、小一時間で二〇〜三〇センチの山となる状況だった。その中に紛れて『知り得た』けれど気づいていなかった情報もあっただろう」と書いてはいるが、ＳＰＥＥＤＩのＳの字も出てこない。

これでは、官房長官当時の情報発信を心から反省しているのか、疑わしい。

地震発生時、奈良にいた東京電力社長が小牧空港から自衛隊輸送機に便乗して東京に戻ろうとしたとき、防衛相の北沢俊美が「被災者救援が先だ」と激怒して輸送機を小牧に戻させた。

原発事故が起こるかもしれない危機的な状況で、司令塔である社長を本社に戻すことは政府としても急務であったはずなのに、大臣の個人的感情で引き返させたのは「致命的かつ犯罪的判断ミス」だと今でも考えている。しかし、官房長官だった彼は、記者会見で北沢の判断で「妥当だった」とかばった上、こう答えている。

「名古屋・東京間は車を飛ばしても走れる状況だ。なぜ、自衛隊に頼んだのか。自衛隊機が飛ばないなら自動車を飛ばすのが常識ではないか」

弁護士出身らしい震災発生当日の交通状況をまったく無視した三百代言ぶりに唖然とした。こういう詭弁を弄する人物を首相にすると危ない、とそのときしみじみと感じた。

彼の三百代言ぶりは、立憲民主党の党首になってからも変わっていない。

彼は日ごろから「リベラル」な日本を「保守」すると称し、「自分はリベラルであり、保守である」と訴え、「立憲民主党こそ保守本流の政党だ」と繰り返している。

「枝野ビジョン」では、小泉純一郎が登場するまでの自民党、特に吉田茂を源流とする「保守本流」を、保守の立場から「リベラル」な政策を一定程度実現させてきた、として評価している。

政党支持率で自民党の「一強」が続く中、立憲民主党が主導して政権交代を実現させるためには、いわゆる「保守層」をひっぺ返して野党候補に一票を投じてもらわないといけない。ある意味で枝野発言は、極めて戦略的なのだが、実態は違う。

立憲民主党は、政権交代を実現させるため衆院選の小選挙区で、実質的に共産党との選挙協力を推進している。党首の承認なくして共産党との選挙協力はできない。共産党と協力する「保守」なぞ、かつてのソ連共産党や中国共産党の実態が明るみになった現在、世界広しといえども存在しない。「リベラル」も字義通りの「自由」と解せば、共産党とは相容れない。

つまり、「枝野ビジョン」は詐術を弄している、といっても過言ではない。

もし、保守でありリベラルな「枝野政権」を本気で希求するならば、共産党と縁を切らなければ辻褄《つじつま》が合わない。

さらに言えば、官房長官時代の反省と謝罪をしっかりしなければ、先へは進めまい。有権者、特に福島県民は十年前のことを忘れちゃあいませんよ。

評価：★☆☆☆☆

枝野幸男（えだの・ゆきお）　昭和三十九（一九六四）年栃木県生まれ。東北大学法学部卒。弁護士を経て平成五（一九九三）年、日本新党公認候補として衆院埼玉五区から立候補し、当選。翌年、日本新党を離党し、新党さきがけを経て民主党結党に参加。鳩山政権では、行政刷新担当相を務めた。官房長官退任後、民主党幹事長として民進党への衣替えを推進したが、平成二十九（二〇一七）年の衆院選前に起きた民進党解党、希望の党結党騒動で、小池百合子に排除された形の枝野は自ら党首となって立憲民主党を創設し、五十五議席を獲得。野党第一党となった。

目立たない長官の目立つ仕事

藤村修

野田内閣、野田第一次改造内閣、野田第二次改造内閣、
野田第三次改造内閣、
平成23（2011）年9月2日〜平成24（2012）年12月26日

この人ほど、一般人の感覚を最後まで失わなかった政治家らしからぬ官房長官は、ほかに誰もいなかった。俺が、オレがというクセの強い男女ぞろいの政界にあって、自慢話を滅多にしない稀有な存在でもあった。

ほかに誰もいない、という点では、現職の官房長官が落選した初めての事例ともなった。落選後、普通なら捲土重来《けんどちょうらい》を期すところだが、あっさり政界引退を表明したのもこの人らしい。

議員バッジをつけるまでの経歴も政治家らしくない。

大学生時代、一流のドライバーだったのである。学園紛争華やかなりしころ、広島大学

工学部に入学した彼は、さっそく体育会自動車部の門をたたいた。

自動車がめっぽう好きだったのだ。

入部後たちまち運転の腕をあげ、自動車運転技術を競う競技大会の通称・フィギュア部門で、全国三位に輝く腕前にまで上り詰めた（関西地区ではトップだった）。

それほど自動車好きなのに、卒業後は地元のマツダに就職せず（当時、自動車部ＯＢの半分はマツダに就職したという）、在学中から募金活動を手伝っていた交通遺児育英会に就職したのだ。

自動車が大好きだっただけに、自動車の存在が引き起こす負の側面である「交通事故」の被害者をなんとかしなければ、という思いが彼の背中を押したのだろう。

政界へ転出したのも、偶然の要素が強い。元はと言えば、日本新党ができて間もなく組織もできていない中、党首の細川護熙が衆院選にチャレンジしたいという有望な候補者を集めていたとき、交通事故遺児の中から見込みのある人をピックアップしようと、育英会に打診したのがきっかけだ。

その命を育英会幹部から受け（といっても、この時は後述する別の仕事を主にしていたのだが）、藤村は候補者探しに奔走したが、誰も首を縦に振らない。交通遺児関係の募金活動を通じて熊本県知事時代の細川と面識があったこともあり、候補者を見つけられなかった

「責任を取る」形で衆院大阪三区から出馬すると、折からの日本新党ブームに乗ってトップ当選したのだ。

政治家になってからは、所属政党がころころ変わる「政界渡り鳥」になるが、日本新党や新進党が本人の思いとは違ってすぐ消滅したからだ。

彼にとって幸運だったのは、日本新党で割り振られた役職が、地味な組織委員会副委員長で、上司に当たる組織委員長が野田佳彦だったこと。

藤村は「この人は将来総理大臣になっていい人だ」と直感し、のちに野田グループ（花斉会）の取りまとめ役となるほど惚れ込んだ。

出来立てのベンチャー企業に入社したと思ったら、会社が勝手に統廃合を繰り返し、偶然ついた上司が社長に出世したので、いつの間にか大企業の取締役になったようなもの。

官房長官になるまでの官職は、厚労、外務の副大臣（しかも短期間）だけで、肩慣らしもままならぬ中、盟友である首相・野田を官邸で支えることになった。

もちろん、不慣れなための失敗や失言も幾多あったが、失政続きの民主党政権三代目ということもあって、野田・藤村コンビは、堅実さの方が印象に残っている。

しかも政治家として地味な部類に入るので、記者たちのマークも甘くなりがちだった。

政界引退後に『民主党を見つめ直す』（毎日新聞社）という回想録を出版して、長官時代の行動をかなり正直に書き残しているのだが、いろいろと驚かされた。

元首相の麻生太郎と頻繁に連絡をとり、当時の懸案だった「税と社会保障の一体改革」などをめぐって番記者たちが帰った後の深夜だけでなく、真昼間から何度も密談を交わしていたという。

しかも麻生から「これ（税と社会保障の一体改革関連法案）を通したら、本当に日を置かずに解散した方がいいよ」とのアドバイスを受けていたことも明かしている。

もちろん、このアドバイスは、野田の耳にも入っている。

藤村は政治家になる前、交通遺児運動から派生する形で、遺児たちに広い世界を見せようとブラジルへの留学生派遣を思いつき、日本ブラジル青少年交流協会（後の日本ブラジル交流協会）を立ち上げ、たった一人の専従職員となっている。

当然、国会議員となってからは日伯国会議員連盟に入り、事務局長に。その会長が麻生太郎で、一緒にブラジルを訪問するなど与野党の垣根を越えて親交を深めていたのだ。

こうした縁が役に立つのが政界の面白いところ。私も含めて記者の大半が、麻生と頻繁に行われた密談に気づかなかったのは、藤村という政治家を「自民党に大した人脈はないだろう」と思い込み、彼の半生をろくに調べようとしなかった不勉強さからだ。

このほか当時、自民党副総裁を務めていた大島理森、党選挙対策局長の河村建夫ら自民党幹部とひそかに意見交換をしていた。

表舞台での与野党対決ムードとは裏腹に、裏舞台では、不人気な消費税増税を民主党政権時代にやらせようという思惑があったにせよ、麻生がそれまでの鳩山、菅政権とは違って、野田政権を陰ながら「支持」していたのは何とも興味深い。

もうひとつ、野田・藤村コンビが成し遂げた大仕事が尖閣諸島の国有化である。

当時の都知事、石原慎太郎が「東京都が尖閣諸島を購入する」とぶち上げたのに慌てた野田政権は、ひそかに島の所有者と接触、国が買い取ることで決着させた。

これを朝日新聞がスクープするのだが、掲載されたのが七月七日（平成二十四年）。ちょうどこの日は盧溝橋事件（昭和十二年）が起きた中国にとっては「国恥記念日」といえる日で、中国側は「なぜこんな日に報道させたのか」と言わんばかりに猛抗議した。

その後、中国は尖閣諸島沖への公船派遣を活発化させたのはご存じの通り。

藤村は、情報の確認をとりにきた朝日の記者に「これはまだ話がはっきりしていないので、特ダネとして報道されては困る」と釘を刺していたのだが、「国益」なぞついぞ考えたことのない朝日が、掲載をとりやめるわけがない。

朝日記者が確認をとりにきた時点で、ダメージコントロールを図りつつ（中国側に非公式に事前通告するなど）、あまり時間を置かずに発表するのが次善の策なのだが、悲しいかな経験不足で、その知恵がなかった。

とはいえ、尖閣諸島国有化という、自民党政権を含め歴代政権が避けて通ってきた懸案を「石原構想」が引き金だったとはいえ、実行に移した事実はもっと評価されてもいいのではないか。

日本の「国有地」である尖閣諸島を中国が奪取するハードルは、民有地時代より国際政治的にも格段に上がったのだから。

その功績と人柄を加味して評価は★三つとした。

評価：★★★☆☆

藤村修（ふじむら・おさむ）昭和二十四（一九四九）年大阪市生まれ。広島大学工学部卒。交通遺児育英会の職員などを経て平成五（一九九三）年衆院大阪三区から日本新党公認で出馬し、当選。日本新党解党に伴い新進党に参加。新進党解党後は、民政党などを経て民主党に。菅直人政権で、外務副大臣、厚労副大臣に就任。平成二十三（二〇一一）年に発足した野田政権で官房長官就任。翌年に実施された衆院選で落選し、政界を引退した。

第六章

令和の官房長官

菅義偉内閣

名選手、名監督にあらず

菅義偉

第二次安倍内閣、第二次安倍改造内閣、
平成24（2012）年12月26日～平成26（2014）年12月24日。
第三次安倍内閣、第三次安倍第一次改造内閣、第三次安倍第二次改造内閣、
第三次安倍第三次改造内閣、平成26（2014）年12月24日～平成29（2017）年11月1日。
第四次安倍内閣、第四次安倍第一次改造内閣、第四次安倍第二次改造内閣、
平成29（2017）年11月1日～令和2（2020）年9月16日

亡くなった元プロ野球監督の野村克也がよく口の端にのせていた〝格言〟に、「名選手必ずしも名監督にあらず」というのがあったが、政治の世界にもピタリとあてはまる。
「名官房長官必ずしも名宰相にあらず」というのが、首相・菅義偉の総括だ。
東京五輪パラリンピックの開催中止を朝日新聞をはじめとする左系メディアや野党が求める中、たとえ総選挙目当てであったとしても断固として開催に踏みきった菅の決断は称賛に値する。もし、中止にしていたら経済的損失の拡大やＩＯＣとの約束違反によって二

度と再びオリンピックが日本で開催されなかっただろうし、金メダルラッシュがもたらす高揚感を味わえなかった国民はさらに自信を失っていたはずだ。何よりもパラリンピックが、日本人に希薄だった共生社会への意識をグンと向上させた。

それが証拠に、内閣支持率は低かったのに「東京五輪パラリンピックをやってよかったか」という問いには、「イエス」が半数をはるかに超えた。

逆説的にいえば、コロナ対策に対する評価がいかに低かったかがよくわかる。

本人からすれば、官房長官時代も首相になってからも、二十四時間休むことなく国のために働きづめに働いたのに、悪口ばかり言われ、なぜ内閣支持率が下がり続けたのか今も理解できないだろう。しかも退陣を表明した途端に支持率が上がったのだから。

総理大臣ともなれば、式典に一分でも遅刻すれば、「たるんでいる」と非難され、挨拶の原稿を読み飛ばそうものなら、天下の大失態の如く叩かれる。

私は、これを「重箱の隅ジャーナリズム」と呼んでいるが、首相になると、官房長官のときにはあり得ないほどのストレスに毎日、耐えねばならない。

官房長官に求められる資質と総理大臣に求められる資質とは、根本的に違う。

官房長官は、朝夕の記者会見だけが、仕事ではない。

政策遂行と政局両面で総理大臣の指示を忠実に実行するとともに、各省庁ににらみをきかせて霞が関をコントロールし、一方で首相の盾となってさまざまなスキャンダルを抑え込まねばならない。まさに、酸いも甘いも噛み分けた「政治の熟練工」でないと務まらない。

その点、総理大臣や大統領といった政治のトップは、必ずしも「熟練工」である必要はない。むしろ、大衆迎合的スローガンを前面に打ち出し、情感たっぷりに国民に訴えかける「情動型」や即断即決の「決断型」政治家の方が支持を得やすい。「自民党をぶっ壊す」で国民を熱狂させた「情動型」であり、「決断型」首相の小泉純一郎に官房長官をさせたら三日も持たなかったはずだ。「アメリカファースト」を連呼した前米大統領のトランプも大統領だから務まったのであって、国務長官なら瞬時にクビになっただろう（まあ、どんな物好きの大統領でも彼を閣僚にはしないだろうが）。安倍も官房長官としては可もなく不可もなかったが、「決断型」総理として本領を発揮した。

短命に終わった第一次政権の反省を糧とした安倍は、苦手としていた経済政策を補強するため、小泉が民間人だった竹中平蔵を起用し、彼に経済政策を丸投げしたのを参考に、複数の学者やアナリストをブレーンとして「脱財務省」を図って「アベノミクス」を打ち出した。

一方、政治の実務も第一次政権で「お友達」を官房長官に起用して失敗したことに懲り、「政治の熟練工」である菅を据えて成功した。

政策の実務をかなりの部分、官房長官に丸投げし、菅もその期待によく応えたからこそ、憲政史上最長の政権となったのは確かだ。そんな最強政権が、なぜコロナ禍への対応に失敗したかは、拙著『官邸コロナ敗戦』（ビジネス社）をお読みいただきたいが、一言で言えば、令和への御代替わりを境に安倍─菅の関係が変質していたことも大きな要因だった。

安倍政権の終幕が近づくとともに、政権の黒子に徹していた菅に野心が芽生え始め、取り巻きたち（菅原一秀や番記者ら）が煽り、それを察知した安倍が菅を遠ざけたという構図が、コロナ対策が後手にまわる遠因をつくったのだ。

次の内閣改造で、いよいよ菅も交代だな、という憶測が永田町で流れ始めた矢先、運命は急変する。安倍の体調不良によって、急遽、自民党総裁選が実施されたのである。しかも本命だった岸田文雄は自滅に近い形で「ポスト安倍」レースから脱落し、機を見るに敏な幹事長、二階俊博の支持を取り付けて圧勝した。

だが、菅には、本格的な政権構想を練るいとまがなかったばかりか、実務を丸投げできる「菅官房長官」がいなかった。

「安倍に菅あり、菅に菅なし」と揶揄される由縁である。

第一、政治家の秘書から市議、国会議員、官房長官そして総理大臣にまで叩き上げた菅には、よそ行きの政治理念やスローガンは似合わない。政権発足当初に掲げた「自助、共助、公助」は、コロナ禍で疲弊した国民の共感を得るどころか反感を買い、いつの間にか消えてしまった。

彼の著書『政治家の覚悟』(文春新書)を読んでも、総務相時代の最大の実績である「ふるさと納税」をめぐって反対する官僚をいかに操縦したか、といった「実務家菅義偉」の凄味は感じたものの、国家観や理念は伝わってこなかった。

政治評論家が菅に、記者会見で自らの政治理念やスローガンをもっと強く語るべきだとアドバイスしていたが、八百屋で「マグロのいいの入ってない?」と聞くに等しい。

ふるさと納税や携帯電話値下げなど「目に見える」生活密着型の政治課題こそ、彼の得意分野だからだ。

官房長官時代は、おおむね無難にやり過ごしていた記者会見も総理大臣になってから評判が悪くなったのもよくわかる。

官房長官時代は、記者の質問が政策に関するものがほとんどで、大所高所からの厳しい質問が少なかったからだ。

ただし、東京新聞記者の望月衣塑子には、手を焼いていた。社会部記者である彼女は、「政治家の懐に入って情報をとる」手法を得意とする政治記者と違って、「モリトモ」や桜を見る会など安倍政権のスキャンダルを中心に、他社の報道や自説を開陳したのち官房長官の見解を聞くのが常だったため、菅をいらだたせた。声を荒らげることもしばしばあり、官邸名物の一つになっていた（「首相会見の予行だ」と割り切り、考え方の違う相手を説得する技術を磨けば良かったのにねぇ）。

言葉数が少ない菅は、官房長官番と呼ばれる担当記者泣かせでもあった。

ある社が特ダネ記事を書いたときの話。

他社の記者が、菅に「この報道は正しい？」と質問しても、帰ってくる答えは「知らない」の一言だけ。

記者会見以外での取材はオフレコ取材が原則だが、菅は「記者がこっそりＩＣレコーダーを回していることを前提にしている」（周辺）ので、言葉尻を取られぬよう、あえて短く、あいまいな言葉遣いをしていた。それゆえ、菅の場合は「知らない」と言われても額面通りには受け取れなかった。「報道は知っており、内容も正しい」のか、「報道は知っているが内容は正しくない」のか。あるいは「報道は知っているが、今は真偽は言えない」かもしれないし、報道自体を「本当に詳しくは知らない」場合もあった。

番記者は「知らない」の一言の真意を瞬時で見分けないといけなかった。伝統的に歴代官房長官番は、懇談や立ち話など記者会見以外の取材直後に各自の記憶をたぐって「メモあわせ」を行い、長官発言の方向性を共有するケースが多いが、ことに菅番記者にとってメモ合わせは重要だった。長官の意図を間違えれば、自社の政治記事全体への影響は計り知れないからだが、総理大臣になると、そうはいかない。

首相の記者会見は、原則NHKで生中継され、発言はダイレクトに国民に届くため、曖昧な表現は、そのまま「説得力がない」と受け取られた。

官房長官時代、菅にとって霞が関を抑える最大の武器だった内閣人事局を通じた各役所の幹部人事掌握も批判の対象となった。

定年延長までして検事総長に据えようとした検事長の黒川弘務が、新聞記者との賭け麻雀を文春砲に暴かれ、失脚したのをきっかけに、お膝元の総務省も文春砲にやられた。菅の長男を東北新社がダシにして総務省幹部に接待攻勢をかけていたことが明るみに出て、次官候補が消えた。

いずれも発端は、内部からのタレコミといわれ、「官邸の霞が関支配へのルサンチマンだ」と言う自民党幹部さえいた。

菅政権の一年を振り返ると、東京五輪開催の他にもデジタル庁の創設や携帯料金値下げ、中国などの土地買い占めに歯止めをかける重要土地等調査法の制定など功績も多々あった。

不可能と思われたコロナワクチン接種「一日百万回」も達成した。

だが、それらが国民にアピールすることはなかった。政権の盾となるべき官房長官の存在感が薄く、盾の役割を果たせず、コロナ禍への不満が首相に集中してしまったのだ。

皮肉にも官房長官人事がいかに重要かを、名官房長官自らが証明したのである。

それにしても退陣表明してからの菅の表情は、強張りがとれ、憑きものも落ちたようで「すがすが」しかった。彼こそは、裏方が誰よりも似合う当代一の仕事師である。評価はもちろん、官房長官のときのもので、首相在任時のものではない。

菅義偉（すが・よしひで）昭和二十三（一九四八）年、秋田県生まれ。法政大学法学部政治学科卒。卒業後、いったんサラリーマンになるが、政治の道を志し、小此木彦三郎衆院議員の秘書に。昭和六十二（一九八七）年、横浜市会議員選挙に立候補し、初当選。平成八（一九九六）年、衆院神奈川二区から自民党公認候補として出馬し、当選。第一次安倍内閣で総務相として初入閣。第二次安倍内閣で官房長官に起用され、在職日数二八二二日は歴代最長。安倍退陣を受けて令和二（二〇二〇）年九月、第九十九代内閣総理大臣に就任するも翌年十月に退陣した。

評価：★★★★☆

コロナ禍に沈んだ「ブリパン」

加藤勝信

菅義偉内閣、
令和２（２０２０）年９月16日～令和３（２０２１）年10月４日

前任者が優れた業績を残すと、後任者はどうしても前の人と比べられ、仕事がやりにくいのは、会社でも、役所でも、官房長官でも変わらない。

名官房長官と謳われた後藤田正晴のあとの藤波孝生、梶山静六のあとの村岡兼造に至っては、目立たないどころか、偶然とはいえご両人とも金銭スキャンダルに巻き込まれ、そろって有罪判決を受けている。

だからといって、加藤勝信もそうなる運命にあるとは思えないが、官房長官としては見せ場なく一年間の任期を終えた。

前任の厚労相時代もコロナ対策の初動に失敗した（詳しくは拙著『官邸コロナ敗戦』を参照していただきたい）彼を、コロナ禍という非常時での官房長官に据えた「菅人事」は失敗だった。

それでも徐々に実力を発揮するのでは、と期待して観察していたが、残念ながら「安倍に菅あり、菅に勝信あり」とはならなかった。

何しろ発信力がなかった。

官房長官が果たすべき大きな役割の一つに、内閣の仕事を国民にわかりやすく伝えることがある。

原則として毎日朝夕二回ある官房長官会見は、記者から飛び出す森羅万象さまざまな質問、時には重箱の隅をつつくような愚問にも一つずつ、丁寧に答えねばならない厄介な仕事ではあるが、政治家として腕の見せ所でもある。

毎日、定例の記者会見がセットされている政治家は、衆参国会議員七百九人中、官房長官ただ一人だ。

このポストをうまくこなせば、知名度は一躍、全国区となる。元来が地味でけれん味のない菅が、七年八カ月も官房長官を務め、連日のようにＮＨＫや民放テレビが、ニュース番組で「菅官房長官が、記者会見で◯◯と述べました」とやってくれたおかげで、総理の座を射止めたともいえる。

ただし、それも人による。

以下は、某民放の昼ニュース担当者から聞いた実話である。在京キー局の民放の昼ニュースは午前十一時半か十一時四十五分から始まる。

官房長官の記者会見は、閣議が開かれる火曜と金曜日以外は、午前十一時から始まるので、菅が官房長官だったころは、あらかじめ進行表に余裕をもたせておき、「菅枠」を確保していた。毎日、何かしら官邸発のニュースが発信されていたからである。

現場も昼のニュースに間に合わそうと首相官邸詰めの記者は、毎日胃が痛む思いがしていたという。

ところが、加藤官房長官になってから昼ニュースで「官房長官枠」を確保しなくてよくなり、現場もピリピリしなくなった。

何しろニュースになるような発言を全くと言ってもいいほど、しないのである。

加藤長官の美点である「失言がない」というのは、裏を返せば「面白みに欠ける」と同義語なのである。

大蔵省で主計局主査を務めていたときについたあだ名が、「ブリパン」。

ブリキのパンツという意味で、予算案を何とか通してもらおうとする省庁の担当者との折衝では、冗談一つ言わず、相手につけいられる隙がないよう発言は最小限に抑え、淡々とした態度で「あれはダメ、これもダメ」といった調子で省庁の要求をばっさりと却下していったという。

そのクセが政治家になっても抜けていない。

大蔵官僚だった室崎勝信が、農水相を二度務めるなど政界の実力者だった加藤六月《むつき》に気に入られ、六月の次女と結婚して加藤勝信に改めてから彼の運命は大きく変わった。婿として、六月がなし得なかった宰相の座を目指して歩み始めたのである。

だが、世の中、そう甘くはない。

大蔵省を退官してから三年後に挑んだ参院選で大敗し、その二年後の衆院選でも落選する。

岡山に盤石の地盤を持っていた六月の「世襲」であるはずの勝信が、なぜそれほどまでに苦戦を強いられたのか。

安倍晋太郎の四天王と呼ばれた岳父の六月は、晋太郎死去後の跡目争いに敗れ、やがて自民党を離党。勝信が出馬したころは、一介の野党議員に過ぎず、岡山県内での影響力も落ちていたのだ。

事態が好転するのは、六月が政界引退を表明し、中選挙区制下の旧衆院岡山二区で激しく繰り広げられた六月と橋本龍太郎との「六龍戦争」にピリオドが打たれてから。

「大蔵族」議員で、省内の事情にも詳しかった橋本は、大蔵官僚・室崎勝信を高く評価していた。

六月が自民党を離党していたため、岡山県内の選挙区から自民党候補として出馬しようとしても空きがなく、民主党からの立候補すら検討していた勝信を思いとどまらせ、自民党の比例代表候補に押し込んだのだ。

橋本の後押しを得て、三度目の国政挑戦でバッジをつけることができた勝信は、岳父の仇敵だった橋本派にわらじを脱ぐことになった。

とはいうものの、六月が「脱藩」した清和会と縁が切れたわけではない。

六月の妻、睦子と安倍晋太郎の妻（つまり晋三の母）洋子とが妙にウマがあい、「親友」だったことが、勝信の運を拓いていく。

平成二十四（二〇一二）年秋の自民党総裁選で、自派に総裁候補がいなかったのを幸いに、当初は劣勢が囁《ささや》かれていた安倍晋三候補の推薦人に名を連ねたのが転機となった。

同年十二月に安倍政権が発足すると、他派閥ながら官房副長官に抜擢された。

それからの出世ぶりは、瞠目に値する。

以来、令和三（二〇二一）年九月まで、初代内閣人事局長―内閣府特命担当相―厚生労働相―自民党総務会長―厚生労働相―官房長官と、切れ目なく重要ポストに配された。

つまり、安倍、菅両首相にとって忠誠心があり、事務能力の高い加藤は、使い勝手が非常に良かったのである。

ただし、政治家・加藤勝信は、二度目の厚労相、そして官房長官に転じてからもコロナ禍に翻弄され続け、文字通りの正念場に立たされた。

菅内閣最大のミッションとなったコロナワクチン接種でも、ワクチン担当相の河野太郎、内閣補佐官の和泉洋人という首相の覚えめでたい二人がそれぞれの立場で勝手に情報を発信し、現場が混乱したこともしばしば。官房長官が、積極的に調整した場面はほとんどなかった。

東京を中心にデルタ株が感染爆発を引き起こし、患者の療養方針を変更したときも、与党側と調整を行わず、公明党だけでなく自民党からも厳しい批判を受け、事実上の撤回を迫られたのも菅政権にとって大きなダメージとなった。

これでは、「全省庁の調整役」たる官房長官の役割を果たした、とはとてもいえない。

彼が宰相になったとして、何をしたいかがさっぱりわからないのも「加藤待望論」が広がらない大きな理由だ。

大蔵官僚の室崎勝信時代には、論文を発表したこともあるが、「加藤勝信」になってからは、単行本どころか、雑誌にまとまった論文すら発表していない。

ホームページを見ても「一人一人の夢、実現へ！」という惹句のもとに『地域に活力を！』『子どもたちに未来を！』『女性に希望を！』『高齢者に安心を！』という誰もが考えつくスローガンを並べているだけ。

彼の政治信条や政権構想がどんなものか、わかっている人は本人以外、いないだろう。

政府のコロナ対策が後手後手にまわる中、官房長官・加藤の額の横皺《よこじわ》は、日に日に深くなっていった。

菅が、自民党総裁選に不出馬の意向を固めた政局の節目でも加藤とじっくりと話し合った形跡はなかった。

同じ閣内の河野太郎が、自民党総裁選に出馬するかどうかが焦点だったときも、加藤の出馬は噂すら出なかった。

苦難は、政治家を鍛える。

コロナ禍という未曾有の国難であれば、なおのことである。

「近未来の宰相」になる意欲があるならば、官房長官という要職を離れた今こそ発信力の強化と、さらなる精進が不可欠だ。

それともう一つ。

信頼して仕事を任せられる、あるいは耳の痛いことを諫言してくれる仲間や部下が必要なのは言うまでもない。

叱咤激励する意を込めて、官房長官時代の評価は★とした。

令和三年十月四日、官房長官としての最後の記者会見を終えた加藤は久方ぶりに「無役」となり、六年ぶりに国会まで電車で通勤した。「駅の階段をのぼって久しぶりにいい汗をかきました」とツイッターで語った彼の表情は、意外なほど明るかった。政治家としての勝負はまさにこれからである。

評価：★☆☆☆☆

加藤勝信（かとう・かつのぶ）昭和三十（一九五五）年、東京都生まれ。東京大学経済学部卒業後、大蔵省入省。倉吉税務署長、主計局主査、大臣官房企画官を経て岳父の加藤六月秘書に。平成十（一九九八）年、参院岡山選挙区に無所属で出馬するも落選。二年後の衆院選で自民党から比例中国ブロックで出馬したが、再び落選。平成十五（二〇〇三）年の衆院選で初当選。平成二十一（二〇〇九）年の衆院選から小選挙区の岡山五区に移って連続当選を重ねる。第二次安倍内閣で官房副長官を務め、平成二十七（二〇一五）年、内閣府特命担当相として初入閣。担当は、少子化対策、男女共同参画、拉致問題、働き方改革など多岐にわたった。その後、厚生労働相、自民党総務会長などを歴任。菅内閣発足に伴い、官房長官に抜擢された。

映画屋になりたかった「日本初の公募衆院議員」

松野博一

岸田内閣、令和3（2021）年10月4日～

岸田文雄という政治家は、よくよく地味好きなのだろう。悪く言えば、自分より目立つ人物を遠ざける。

閣僚人事も党役員人事も堅実すぎた。というより華やかさがまったくなかった。

内閣の要である官房長官に松野博一を起用したのも岸田が自民党政調会長を務めていたときに、政調会長代理として真面目に仕えてくれたから、というのが主な理由だ。もちろん、自分より目立たない、という点でもお眼鏡にかなったのだろう。

この本の「はじめに」で、官房長官を五分類に分け、最も多いのが「子分型」だと指摘したが、松野は細田派に所属し、本当の意味では、宏池会会長である岸田の「子分」には当たらない。

岸田と松野が古くからの「同志」だとは聞いたこともないし、「軍師」というには、後藤田正晴や梶山静六に申し訳が立たない。「緊急避難」型というほど、緊急で人事を決めたわけでもない。

強いて言えば、「能吏」型と言えなくもないが、自派の小野寺五典ら有力候補を退けるほどの「能吏」でかつ、二人の人間関係が濃密だったかといえば、そうでもない。

皮肉屋の多い永田町では、自民党総裁選を勝利に導いてくれた支援への「返礼品」として官房長官ポストを細田派に献上したものの、安倍晋三推しでアクの強い細田派のホープである萩生田光一よりまだしも気心が知れている松野の方がまし、と岸田がささやかな「抵抗」をして選んだ、というのが「定説」になっている。

その昔、宏池会の加藤紘一は、ポスト海部俊樹を争った自民党総裁選で、当時の実力者、小沢一郎に「宮沢さんを総理に、俺を官房長官にしてくれ。それ以外の人事は全部小沢さんに任せる」とまで言って頼み込み、宮沢喜一政権を実現させた。

政権獲りのためにはなりふり構っていられぬ、と言ってしまえばおしまいだが、究極的には党三役や蔵相、外相といった重要閣僚よりも官房長官の方が、政権にとって重要だ、という加藤の認識は正しい。

だが、宏池会の末裔《まつえい》である岸田は、そうは考えなかった。自民党総裁選を戦っている間、「官房長官は彼にしよう」という腹を決めていなかったのである。

総裁選出馬を発表した後、岸田は挨拶のため元首相、森喜朗の事務所を訪ねた。

その模様を森の側から描くとこうなる。

森「岸田さん、あなたは政局がわかっていない。一年前の総裁選が終わってから私はあなたに言ったよな。考えてる？　今から聞きますよ。幹事長は誰にするんですか」

岸田「え〜、まだそんな」

森「それはそうだな。どこの派閥がどうするかまだわからないから言えないでしょう。官房長官ぐらいは決めてるんでしょ」

岸田「いないんですよ、それが」

（「正論」令和三年十一月号『元老の世相を斬る』より構成）

つまり、首相官邸の柱である官房長官も党の柱である幹事長も具体的な構想なく、総裁選に臨んでいたのだ。

中曽根康弘が、自民党総裁選のかなり前に、後藤田に官房長官就任を打診していたのとはまるで違う。

総裁就任直後に着手した官房長官人事に、さほどこだわらなかったのもむべなるかな。しかしながら、松野が「隠れた逸材」であるのもまた確かだ。

大学卒業とともにサラリーマンになるのだが、それに飽き足らずに松下政経塾の門を叩いた。

彼は昭和六十三（一九八八）年に入塾した松下政経塾第九期にあたる。

四期上の先輩には今をときめく高市早苗、一期上にいずれも外相を務めた玄葉光一郎、前原誠司、一期下に元横浜市長の中田宏、二期下に元防衛相の小野寺五典、立憲民主党幹事長の福山哲郎と綺羅星の如く政界の有名人がいるのだが、なぜか九期は、松野をはじめ目立たない政治家ばかり。

塾生時代の松野を知る何人かの関係者に聞いても「真面目にこつこつと勉強していた」「ギラギラしたところがなかった」「あまり印象がない」などと、同じような答えが返ってきた。

「真面目にこつこつと」やってきたからこそだろう。上司の受けはおしなべていい。ことに文部科学相として初入閣したときの首相、安倍晋三からの評価は非常に高かった。

憲法改正論者であり、首相の靖国神社参拝に賛成し、選択的夫婦別姓にも否定的見解を示すなど「安倍路線」と完全に一致している。

ただし、文科相時代の仕事ぶりは地味だった。功績は、文科省官僚が国家公務員の再就職規制に違反して早稲田大学など私立大学に天下りしていたことが発覚した際、引責辞任をしぶった当時の事務次官、前川喜平のクビを切ったことくらい。

朝鮮学校無償化の旗振り役でリベラル色の強かった前川は、民主党政権で重用され、自民党政権でも「面従腹背」して次官まで上り詰めたが、前川は官邸にとって「好ましからぬ人物」だった。

官邸は、文科省官僚の天下り問題を奇貨として前川を更迭しようとしたが、彼は頑強に抵抗した。

官房長官だった菅義偉が後に記者会見で「当初は責任者として自ら辞める意向をまったく示さず、地位に恋々としてしがみついていた。その後、天下り問題に対する世論の厳しい批判にさらされ、最終的に辞任した」と暴露したほど。最終的に引導を渡したのが、松野だった。

前川との因縁は、彼の退官後も続き、獣医学部新設をめぐって首相官邸の「特別な便宜」があったかどうかをめぐって問題となった加計学園疑惑で「行政が歪められた」と告発した前川に対し、松野は言を左右にして野党が求めた再調査をできるだけ引き延ばした。

安倍、菅の覚えがめでたかったのは言うまでもない。

そんな松野の最大の売りが、「公募制度から生まれた日本で初めての衆議院議員」である。千葉市緑区と市原市が選挙区の衆院千葉三区は、自民党が苦手な都市型選挙区。自民党が窮余の一策として候補者を公募し、選んだのが松下政経塾で学んだ彼だった。

しかし、松野は学生時代から政治家を志したわけではない。

「映画をやるなら早稲田でしょ」とばかりに早稲田大学に入学したはいいが、卒業した頃の日本映画界はドン底で、東宝や松竹など大手映画会社制作部門の採用はゼロ。途方に暮れていると、「CMプランナーを募集している会社があるけど受けてみないか」と先輩が声をかけ、受かったのがライオンの広告制作室。

若き日の松野は、TBSのワイドショー内で流されていたライオンの生CM準備のため毎朝六時過ぎに赤坂の坂を上っていたという。

政治家を目指したのも「自分の考えたコンセプトがCMを通して人々の生活のごく一部でも変えていくのがこんなに面白いなら、社会全体にコンセプト提言して時代を進めていく政治は面白いかもしれないな」と思ったのがきっかけで松下政経塾の門をたたいたというから、世襲議員全盛の自民党にあっては変わり種だ。だからこそ、まだまだ伸びしろはある。

評価はもちろん、これから取り組む仕事の結果次第である。巷での低評価を覆す大化けを祈りたい。

評価：これからの仕事次第

松野博一（まつの・ひろかず）昭和三十七（一九六二）年、千葉県木更津市生まれ。早稲田大学法学部卒。ライオン社員を経て松下政経塾に入塾。平成八（一九九六）年、衆院千葉三区から立候補するも落選。四年後の衆院選で初当選。厚生労働政務官、文部科学副大臣などを歴任後、平成二十八（二〇一六）年、安倍内閣で文部科学相に起用される。自民党細田派。

おわりに

〜本当は官房長官向きの岸田首相

平成元年から政治の現場を取材し、永田町のあることないことを書き始めてから、足かけ三十二年になる。よく飽きもせず令和の御代まで鉛筆一本（今はパソコン一台というべきだろうが）でやってきたものだと、我ながら呆れもし、感心もする。

サラリーマン記者の避けられぬ宿命で、会社の命じるまま大阪に転勤したり、内勤になったりと四六時中、永田町にどっぷり漬からなかったのが、かえってよかったのかもしれない。

現職首相の自民党総裁選不出馬という前代未聞の出来事もさほど驚かなかった。

少々自慢させてもらうと、ＮＴＴのオウンドメディア「ＮＴＴ　ＤＯＯＲ」で「就活に役立たない⁉　乾正人の〝なるほど〟丸わかりニュース」というコーナーを担当しているが、令和三年三月二十四日の時点で「九月六日に何かが起こる⁉」と題し、九月六日に首相・菅義偉が退陣を表明する可能性について〝予言〟した。

実際は九月三日に不出馬を表明したので、三日違いだったが、半年前から菅再選は無理で、東京五輪パラリンピック開催を花道に退陣するのではないか、と漠然と感じていたのである。

それはなぜか。

この本を書くために歴代官房長官の事績を調べていたからだ。ナンバー2として素晴らしい手腕を発揮した人物が、トップに立つと得てして失敗する事例にピタリと当てはまってしまったのである。

歴史は形を変えて繰り返す。

では、岸田文雄はいかなる道を進むのだろうか。気になるのは、岸田自身は官房長官の経験はないが、本人が「特技は人の話をよく聞くこと」と言うように政治家としての特質が、首相より官房長官に向いていることだ。

何度も書いてきたように、官房長官の主な仕事の一つが、各省庁や与党との調整だ。「人の話をよく聞く」のが得意な岸田にとっては、もってこいのポストなのだが、それだけではトップリーダーは務まらない。

首相として必須の「決断力」については、なんとも心許ないからだ。

「人の話を聞いてばかりで何も動かない」となれば、政権発足当初の高支持率もたちまち急降下しよう。

それにしても平成から令和に世が移り、日本も世界も、そしてメディアも大きく変わってしまった。

インターネットとスマートフォンの劇的な普及が、マスメディアと呼ばれてきた新聞、テレビの経営を大きく圧迫している。

プロの情報収集者（記者や編集者、カメラマン）が、時間と経費をかけて、あるいは官庁や企業から優先的（排他的といってもいいが）に情報提供を受ける仕組みである記者クラブの恩恵を受けて集めた一次情報を加工し、編集した記事や番組を商品として新聞なら読者から料金をいただく、テレビならニュースや情報番組の提供企業から広告料をとるビジネスモデルが、「情報はタダ」という錯覚を振りまいているネットの猛威の前にもはや風前の灯となっているからだ。

新聞の場合、発行部数に如実に表れている。

二十世紀最後の年（平成十二年）、一般紙とスポーツ紙などを含めた新聞の総発行部数は五千三百七十万部を超えていた。

ところが、最新の部数（令和二年）は三千五百九万部（日本新聞協会調べ）まで落ちこんだ。二十年間に千八百万部もの新聞があっという間に消えてしまったのだ。

一世帯当たりの新聞普及率も今では〇・六一に過ぎず、十軒に四軒は新聞をとっていない計算になる。

記者の数もどんどん減っている。

日本新聞協会加盟の新聞・通信社の記者数はつい最近まで二万人を超えていたが、令和二年には一万七千六百八十五人と大幅に減少した。新規採用者を減らすだけでなく、各社とも本格的なリストラに手を付けざるを得なくなったからだ。

政治家、官僚、政党職員らを取材源としている「政治記者」も例外ではなく、今や絶滅危惧種一歩手前まで追い込まれている。

世界中を見渡してもワシントン、ロンドン、ベルリンといった限られた西側諸国のごく狭い地域にしか「政治記者」は生息できなくなっている。

北京はどうかって？

一九四九年の中華人民共和国建国以来、「報道の自由」という概念はなかったが、胡錦濤時代までは、共産党一党独裁体制そのものを批判しなければ、政治的話題でも一定程度の論評は許されていた。

ところが、習近平体制下になると、言論統制は格段に強化された。新聞やテレビは、新疆ウイグルやチベットといった中国にとってセンシティブな問題だけでなく、内政外政ともに、中国共産党の機関紙である人民日報の論調をなぞることしかできなくなったのだ。

「中国の新聞、テレビ、ラジオは党の喉であり、舌である」という毛沢東時代に逆戻りしてしまったのである。

それでもつい最近まで香港には、「政治記者」が、生息していたが、二〇二〇年の「香港弾圧」によって、事実上絶滅したのは言うまでもない。

プーチン政権下のモスクワも同様だ。

しかもコロナ禍が、政治記者をさらなる窮地に追いやっている。

「サシ」と呼ばれる政治家と記者とが、一対一でやりとりする取材や、数人の記者で一人の政治家を呼んで一杯やりながらざっくばらんに語り合う「懇談」の機会が激減したのである。

いま流行のリモート取材では、相手の本音を引き出すのは、まず無理だ。

コロナ禍が長引く中で、各社の政治報道が、どうしても薄味になりがちなのは、そういう事情がある。

それでも「政治記者」が存在し、新聞ごとに違った「主張」をしているうちは、曲がりなりにも報道の自由が保持されていると思っていただきたい。

産経も朝日も読売も全部同じ「主張」をしだしたら、この国もおしまいである。

ロートル政治記者の端くれである小生もコロナ禍での取材には難渋した。何しろリモートワークが、からきしダメだからである。

ただ一点、良いことがあったとしたら、長期間にわたる緊急事態宣言発令によって、一杯やりに出かけるのがはばかられ（東京五輪の打ち上げで仲間と酒を飲み、天下の大悪人の如く指弾されたテレビ朝日社員の気持ちはよくわかる）、「官房長官の閻魔帳」をまとめあげる時間ができたことである。

当初は、記憶と汚い字で走り書きした当時のメモを頼りにサッと書いてしまおうと安易に考えていたのだが、三十人の官房長官が書いた自叙伝や聞き書き、雑誌に掲載された論文を集め、読み始めてみると、「なるほど、そうだったのか」「この人はそんな考え方をしていたのか」という発見や驚きが多々あり、執筆は遅々として進まなかった。

亡くなった中曽根康弘は、「政治家は歴史法廷の被告」だと喝破したが、公正な歴史法廷を開くには、厳しく罪を追及する検察官とともに、弁護人もまた必要だ。

その弁護人に必須なのが、被告自らが綴った「供述書」である。

中曽根自身、「供述書」である多くの自伝や聞き書きを遺したが、これから開かれる「歴史法廷」に大きな寄与をすることだろう。

三十人の「被告」のうち、既に十四人が鬼籍に入った。その中で最も多くの「供述書」を遺したのが、野中広務である。

私は、この本の中で「野中は嫌いだ」とはっきり書いたが、この点は高く評価したい。永田町では「秘密は墓場まで持って行く」という生き様が美徳とされてきたが、それは間違っている。

どんなスキャンダルも法的には時効があり、当時は「迷惑がかかる」であったろう人々も大半は鬼籍に入っている(「死人に口なし」というのは真実である)。

成功も失敗もスキャンダルも後世に包み隠さず遺してこそ、教訓となって活きていく。真実が隠蔽されたままでは、子孫はまた同じ過ちを繰り返す。

アメリカでは、第三十一代大統領のフーバー以降、退任後数年以内に自ら回顧録を書き、大統領図書館を建てて在任中の公文書や写真の類を保存する慣例ができあがった。回顧録を書いていないのは在任中に死去したルーズベルトと、暗殺されたケネディのみである。

退任した大統領が、何人ものスタッフとともに在任時の出来事を詳しく記録した回顧録を著すのは、常識でかつ有権者に対する「義務」なのである。

もちろん、回顧録は、あくまでも「大統領」の視点で書かれるものであって、バイアスがかかっており、本人にとって都合が悪いことは書かなくてもいい。

それでも大統領回顧録に価値があるのは、そのときどきのアメリカの政策決定過程や国家意思が、はっきりとわかり、現在、そして未来のアメリカの行方を占うまたとない羅針盤となるからである。

残念ながら日本では、在職中の事績を聞き書きではなく、自ら詳述した回顧録を遺した首相経験者は、中曽根、吉田茂、細川護熙のほかはほとんどおらず、極めて希である（菅直人が書いた一連の著作物が、回顧録と呼べるかどうかは疑わしいが、書かないよりはまし）。

まだまだ元気で長期にわたって政権を担った小泉純一郎、安倍晋三の両元首相には、ぜひ専属のチームを組んで回顧録を書いていただきたい。

圧倒的な支持率を得て政権を発足させながらわずか一年も持たなかった鳩山由紀夫、公文書保管の大切さを訴えた福田康夫の回顧録も是非読んでみたい。

官房長官経験者でいえば、竹下、小渕に仕え、経世会を誰よりも知る青木幹雄には、昭和・平成政治史を語る義務があると思う。

誤解を恐れずに書けば、政治は何ものにも代えがたいほど面白い。その真の面白さは、当事者でなければわからない、ということだけを三十三年かけてわかった、といっても過言ではない。

もうひとつ。若い読者の皆さん、いや心だけは若い読者も含めて、どんどん政治に参加してもらいたい。政治に有為な人材が供給されない国は、いずれ亡ぶ。世襲議員と非世襲議員が、切磋琢磨してこそ、日本の政治は活力を取り戻すはずだ。

この本によって少しでも政治に興味を持っていただければ、望外の幸せである。

最後に、最新の永田町情報を教えていただいた各社の政治記者や政党関係者の皆さん、遅々として進まない原稿に文句一つ言わずに待っていただいたビジネス社の佐藤春生大兄、新人時代、原稿の書き方を一から教えていただき今春、他界された菅原正臣元産経新聞新潟支局長、そして迷惑をかけ通しの家族に満腔の謝意を表して稿を閉じたい。

令和三年十月

岸田文雄新首相が衆院解散を決断した日に

平成以降の官房長官と主なできごと

当時の官房長官	年	月日	主なできごと
	昭和62年	2月9日	初上場のＮＴＴ株に買いが殺到
		3月30日	安田火災がゴッホの「ひまわり」を53億円で落札
		4月1日	国鉄分割民営化により発足したJRに事業を継承
		10月19日	ニューヨーク株式市場が大暴落（ブラックマンデー）
		11月6日	竹下登内閣が誕生
	昭和63年	3月13日	青函トンネル開通。青函連絡船の運航終了
		3月18日	東京ドーム開場
		3月26日	日本政府が公式に「拉致事件」を認める
		6月17日	リクルート事件が発覚
小渕恵三		12月12日	岩波書店が絵本『ちびくろサンボ』を黒人である人種差別との判断から絶版
	（昭和64年）平成元年	1月7日	昭和天皇が崩御
塩川正十郎		4月1日	消費税3％開始
		6月3日	竹下内閣総辞職
		6月4日	天安門事件
山下徳夫		11月9日	ベルリンの壁崩壊
森山真弓		12月29日	日経平均株価の終値は38,915円87銭
	2年	1月5日	日本相撲協会が女性初の森山真弓内閣官房長官による総理大臣杯授与を拒否
		8月2日	イラクがクウェートに侵攻
		8月30日	日本政府、多国籍軍支援金130億ドルの支出を緊急決定
坂本三十次		※11月頃からバブル景気が崩壊	
	3年	1月17日	多国籍軍のイラク空爆開始により湾岸戦争勃発
		4月26日	海上自衛隊のペルシャ湾掃海派遣部隊が出発
		6月3日	雲仙普賢岳、大火砕流発生
		8月19日	ソ連でクーデター発生
		9月17日	南北朝鮮が国連に加盟
		12月	ソビエト連邦崩壊
	4年	2月14日	東京佐川急便事件（社長らを特別背任容疑で逮捕）
		3月1日	「暴力団対策法」施行
加藤紘一		5月2日	国家公務員、完全週休２日制スタート
		5月22日	細川護熙熊本県知事「日本新党」結成
		6月15日	PKO協力法（国際平和協力法）が成立
		10月23日	天皇・皇后両陛下　中国初訪問
	5年	3月6日	金丸信・自民党副総裁　巨額脱税容疑で逮捕
河野洋平		6月9日	皇太子徳仁親王と小和田雅子氏の結婚の儀が行われる
		8月4日	河野洋平官房長官が日韓関係に禍根を残す「河野談話」を発表
武村正義		8月9日	自民党下野、細川連立内閣が誕生し55年体制が崩壊
	6年	4月28日	羽田孜内閣（新生党）誕生
		6月27日	オウム真理教による松本サリン事件発生
熊谷弘		6月30日	自社さの連立による村山政権が誕生
		7月20日	村山首相、自衛隊合憲の所信表明
五十嵐広三		12月10日	「新進党」結成（海部俊樹党首　小沢一郎代表幹事）

	7年	1月17日	兵庫県南部地震（阪神・淡路大震災）発生
		3月20日	地下鉄サリン事件発生
		8月15日	戦後50年「村山談話」発表
野坂浩賢		11月13日	「植民地時代に日本はよいこともした」と発言した総務庁長官辞任
	8年	3月23日	台湾初の中華民国総統直接選挙で李登輝が当選
		4月12日	米軍普天間飛行場の全面返還で日米合意
		9月10日	国連総会で包括的核実験禁止条約（CTBT）が採択
		9月29日	「民主党」結成（党代表は菅直人〈政務〉・鳩山由紀夫〈党務〉）
梶山静六		12月5日	広島の原爆ドームが世界遺産に登録
	9年	1月2日	島根県隠岐島沖でナホトカ号から重油が流出
		4月1日	消費税5%に引き上げ
		11月7日	北海道拓殖銀行破綻（営業終了）
		11月24日	山一證券破綻
		12月1日	地球温暖化防止京都会議で京都議定書が採択
村岡兼造	10年	1月18日	「ノーパンしゃぶしゃぶ事件」発覚
		2月7日	長野オリンピック・パラリンピック開幕
		4月27日	民主党に民政党、新党友愛、民主改革連合が合流。のちに政権与党となる新しい「民主党」が結成
		10月23日	日本長期信用銀行破綻（一時国有化）
野中広務	11年	1月14日	自民・自由連立内閣誕生（野中の名言「悪魔にひれ伏してでも」が生まれる）
		3月23日	能登半島沖不審船事
		5月24日	周辺事態法など新ガイドライン関連３法成立
		8月9日	国旗・国歌法成立
		9月30日	東海村JCO臨界事故発生
青木幹雄	12年	5月14日	小渕恵三前首相死去（62歳）
		6月5日	日本長期信用銀行が新生銀行に改称
		6月16日	香淳皇后が崩御
中川秀直		7月21日	九州・沖縄サミットが開催
		10月1日	第二電電・KDD・日本移動通信が合併しKDDIが発足
		11月	第2次森内閣打倒を目指した倒閣運動「加藤の乱」が失敗
	13年	1月6日	中央省庁再編
		1月16日	KSD事件（3月1日、村上正邦元労相逮捕）
		2月9日	ハワイ州オアフ島沖でえひめ丸事故。９人が死亡
		4月26日	小泉純一郎内閣誕生
		9月11日	アメリカ同時多発テロ事件
		12月1日	愛子内親王誕生
	14年	1月29日	米ブッシュ大統領「悪の枢軸」発言
福田康夫		4月1日	学習指導要領の見直。完全学校週5日制がスタート
		5月8日	中国、瀋陽の日本総領事館 亡命未遂事件
		5月31日	2002 サッカーW杯が日韓で共同開催
		9月17日	小泉純一郎が日本の首相として初めて北朝鮮を訪問
		10月15日	北朝鮮に拉致された日本人5人が帰国
	15年	1月10日	北朝鮮が核拡散防止条約（NPT）脱退を宣言
		※3月頃から中国で新型肺炎SARSが大流行	
		4月28日	日経平均株価が7,607円88銭の大底を記録
		7月26日	イラク復興支援特別措置法成立
		9月24日	小沢一郎らの自由党が民主党へ合流

平成以降の官房長官と主なできごと

官房長官	年	月日	できごと
	16年	1月19日	自衛隊イラク派遣開始(陸自の先遣隊イラク到着)
		4月8日	イラク日本人人質事件
		5月22日	日朝首脳会談、蓮池薫さんらの家族5人が帰国
		7月21日	小泉純一郎首相と盧武鉉大統領とが済州島で会談
		9月26日	村岡元官房長官在宅起訴
細田博之	17年	2月16日	京都議定書発効
		3月25日	「愛・地球博」が開幕
		4月25日	兵庫県尼崎市の福知山線で脱線事故が発生
		10月14日	郵政民営化関連法案成立(郵政三事業)
		11月17日	耐震強度偽装事件発覚
安倍晋三	18年	1月23日	ライブドア・ショック
		8月15日	小泉首相、終戦記念日に靖国神社参拝
		9月6日	悠仁（ひさひと）親王殿下ご誕生
		9月26日	安倍晋三内閣（自由民主党）誕生
		10月27日	佐田行政改革相辞任(不適切な会計処理)
塩崎恭久	19年	1月9日	「防衛省」発足
		4月27日	日本の最高裁が中国人慰安婦や労働者、およびその遺族らからの戦後賠償を求める訴訟について全て却下
与謝野馨		7月16日	新潟県中越沖で最大震度6強の地震が発生
		7月29日	第21回参院選で自民党が大敗。民主党が参院第1党に
町村信孝	20年	1月30日	中国河北省の工場で製造され日本にも輸入されていた冷凍餃子に、殺虫剤が混入していたことが発覚
		7月7日	北海道洞爺湖サミット開催
		7月11日	日本でiPhoneが発売(スマートフォンの普及開始)
		9月15日	リーマン・ショック
河村建夫	21年	2月17日	中川財務・金融担当相「酩酊会見」で辞任
		7月19日	民主党鳩山代表、普天間移設で「最低でも県外移設」と発言
		8月8日	「みんなの党」結成(渡辺喜美代表)
		9月16日	8月30日の衆議院選挙により、麻生内閣が総辞職。鳩山由紀夫内閣が誕生。自民党から民主党への政権交代
平野博文	22年	4月10日	新党「たちあがれ日本」結成(平沼赳夫代表)
		4月23日	「新党改革」結成(舛添要一代表)
		6月8日	菅直人内閣（民主党）誕生
		6月13日	小惑星探査機「はやぶさ」7年ぶりに帰還
仙谷由人		9月7日	尖閣諸島中国漁船衝突事件
枝野幸男	23年	3月11日	東北地方太平洋沖を震源とする、マグニチュード9.0の地震が発生。福島第一原子力発電所が被害を受ける
		6月20日	復興基本法成立
		10月31日	外国為替市場で1ドル=75円32銭を付け最高値を記録
		12月19日	金正恩が北朝鮮の最高指導者に
	24年	2月10日	復興庁発足
藤村修		5月5日	国内50基の全原発稼働停止
		9月11日	日本政府、尖閣諸島を国有化
		11月15日	胡錦濤党総書記の後継に習近平が選出
		12月26日	安倍晋三が内閣総理大臣に再就任。第2次安倍内閣誕生

	25年	3月20日	日銀新総裁に黒田東彦就任（以後大規模な金融緩和に転換）
		11月23日	中華人民共和国政府が、日本が領有を主張する東シナ海の尖閣諸島を含む上空を防空識別圏に設定
		12月26日	安倍首相、靖国神社参拝（首相として約7年ぶり）
	26年	4月1日	消費税が5%から8%に増税
		4月16日	韓国、セウォル号沈没事故
		7月1日	安倍首相、集団的自衛権の限定的容認を閣議決定
		8月5日	朝日新聞が従軍慰安婦問題をめぐる報道で記事取り消し
		12月10日	ヘイトスピーチ判決確定
	27年	7月20日	東芝不適切会計発覚
		8月3日	韓国地検による産経新聞支局長名誉毀損起訴事件（12月17日に無罪判決）
		8月14日	戦後70年安倍談話の公表
		12月28日	慰安婦問題日韓合意が成立
	28年	3月27日	民主党と維新の党が合流「民進党」を結成
		5月20日	蔡英文が中華民国総統に就任
		5月26日	G7伊勢志摩サミット開催。翌27日、バラク・オバマ米大統領初の広島訪問
菅義偉		9月9日	北朝鮮の建国記念日にあたるこの日、朝鮮中央テレビが「核爆発実験を実施した」と発表
	29年	1月9日	駐韓大使が慰安婦像対抗措置の一環として一時帰国
		1月20日	第45代米大統領にドナルド・トランプが就任
		9月25日	希望の党結成（代表は東京都知事・小池百合子）
		10月3日	枝野幸男、立憲民主党を結成
		11月5日	約1340万件のタックス・ヘイヴンに関わる文書を公開
		12月5日	将棋棋士の羽生善治が史上初の永世七冠を達成
	30年	5月7日	民進党、希望の党の議員が「国民民主党」を結成
		7月6日	オウム真理教事件に関与した死刑7人の死刑執行完了
		11月19日	日産のカルロス・ゴーンが有価証券報告書の虚偽記載容疑で逮捕
		12月30日	環太平洋パートナーシップ協定（TPP）の発効
	（平成31年）令和元年	1月22日	厚生労働省の統計不正問題で報告書公表
		5月1日	皇太子徳仁親王が天皇に即位。令和へ改元。剣璽等承継の儀、即位後朝見の儀が執り行われる
		10月1日	消費税が8%から10%に増税
		10月31日	世界遺産である首里城が火災により焼失
	2年	1月7日	武漢市で発生していた原因不明の肺炎について、新型コロナウイルスによるものと特定
		3月24日	東京オリンピック・パラリンピックの延期を決定
		8月28日	安倍晋三首相辞任表明
		9月16日	菅義偉内閣誕生
		12月6日	JAXAの小惑星探査機「はやぶさ2」が地球へ帰還
加藤勝信	3年	2月1日	ミャンマー軍が軍事クーデターにより政権を掌握
		7月23日	第32回夏季オリンピック（東京2020）が開幕
		8月15日	タリバンがアフガニスタン全土を支配下に置く
松野博一		9月29日	岸田文雄が第27代自由民主党総裁に就任

●著者略歴

乾正人(いぬい　まさと)

産経新聞執行役員論説委員長

平成元年6月1日より政治部記者。政治記者歴30年以上。

竹下登首相最後の日の番記者を皮切りに宇野、海部両首相の首相番記者を経て自民党渡辺派を担当する傍ら、政治改革運動も取材した。その後、首相官邸や自民党や社会党など政党を主に担当。平成8年9月から約1年間、防衛研究所で安全保障政策を学んだ。民主党政権時代には、発足当初からその無責任ぶりを厳しく批判。編集局長時代は、トランプ氏が大統領に当選した翌日の1面コラムで「トランプ大統領でいいじゃないか」と内外のメディアがトランプ批判一色の中、肯定論を執筆、大きな反響を呼んだ。モットーは、「他人が書かないなら自分で書く」。趣味は、競馬と鉄道旅行。

著書に『官邸コロナ敗戦』『令和をダメにする18人の亡国政治家』(いずれもビジネス社)、共著に『ジャーナリズムの情理－新聞人・青木彰の遺産』(産経新聞出版)、『日中の壁』(築地書館)。

写真提供：産経新聞社

「影の首相」官房長官の閻魔帳《えんまちょう》

2021年11月12日　第1刷発行

著　者　乾 正人

発行者　唐津 隆

発行所　株式会社ビジネス社

〒162-0805　東京都新宿区矢来町114番地 神楽坂高橋ビル5階
電話　03-5227-1602　FAX　03-5227-1603
http://www.business-sha.co.jp

印刷・製本／三松堂株式会社　〈カバーデザイン〉中村聡
〈本文組版〉坂本泰宏
〈編集担当〉佐藤春生　〈営業担当〉山口健志

ISBN978-4-8284-2318-0

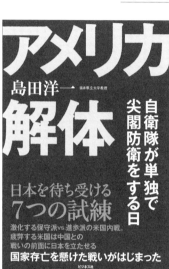